**Corso multimediale
d'italiano**

Linda Toffolo
Nadia Nuti
Renate Merklinghaus

Libro dello studente ed esercizi

EDILINGUA

www.edilingua.it

Hanno collaborato:
Antonio Bidetti, Miranda Alberti, Giuliana G. B. Attolini,
Silvia Bentivoglio, Rosa Pipitone, Antonella Sartori

Illustrazioni
A. Boncompagni, Arezzo - S. Scurlis (Edilingua)
Progetto grafico: Edilingua

© **edizioni Edilingua** 2003
Sede legale
Via Alberico II, 4 00193 Roma
Tel. +39 06 96727307
Fax +39 06 94443138
info@edilingua.it
www.edilingua.it

Deposito e Centro di distribuzione
Via Moroianni, 65 12133 Atene
Tel. +30 210 5733900
Fax +30 210 5758903

ISBN: 978-960-6632-13-6

Ogni azione umana ha un impatto sull'ambiente. A Edilingua siamo convinti che il futuro del nostro Pianeta dipende anche da ognuno di noi. "**La Terra ha bisogno del tuo aiuto**" è una piccola ma costante campagna di sensibilizzazione rivolta agli studenti: ogni nostro libro vuole essere un invito alla riflessione, uno stimolo al risparmio energetico e alla riduzione delle emissioni di CO_2. Ulteriori informazioni sul nostro sito (in "chi siamo").

Stampato su carta priva di acidi, proveniente da foreste controllate.

Cari studenti
Care studentesse,

finalmente possiamo partire per questo affascinante viaggio nella lingua, nella civiltà e nella cultura italiana.

Come potete osservare, nel libro di testo c'è anche una sezione dedicata interamente agli esercizi in modo da avere, come si dice in Italia, "tutto a portata di mano" per il lavoro sia in classe che a casa.

Allegro - libro di testo si compone di:

- 12 unità;
- tra queste, 4 sono di ripasso (3ª, 6ª, 9ª e 12ª unità). Si tratta di unità strutturate con giochi, consigli sull'apprendimento della lingua e informazioni sull'Italia e gli italiani. Insomma, una finestra sull'Italia, la sua gente, i suoi luoghi, le sue città, la vita quotidiana;
- esercizi, da svolgere preferibilmente a casa;
- un glossario organizzato per unità;
- un approfondimento grammaticale di facile consultazione che vuole essere un completamento delle schede grammaticali che trovate alla fine di ogni unità.

Al termine di ogni unità trovate, dunque, oltre alla sintesi grammaticale, una breve ma utilissima scheda riassuntiva degli strumenti comunicativi incontrati durante la lezione.

Allegro, oltre ai dialoghi (introduttivi e non) e agli esercizi contiene anche testi di ascolto e di lettura tratti dalla quotidianità italiana che hanno come unico obiettivo familiarizzare con la lingua e prepararvi pian piano all'incontro con l'Italia e gli italiani.

Ed ora, buon studio e ... buon divertimento!

Qui in basso potete trovare espressioni che possono essere utili durante la lezione:

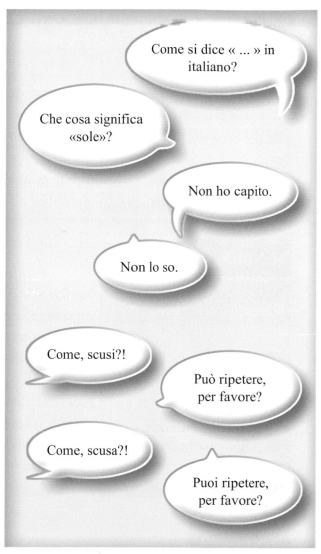

Indice

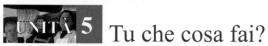

Come va?

 Guardate e ascoltate.
Ascoltate e guardate la foto.

Che cosa dicono le persone per salutare?

A Buongiorno!

1 🎧 **Ascoltate.**

Ascoltate i dialoghi. In quale dialogo le persone usano il "tu" e in quale il "Lei"?

- ● Ciao, Chiara!
- ○ Ciao, Gianni, come stai?
- ● Io sto bene, e tu?
- ○ Abbastanza bene.

- ● Buongiorno, signora!
- ○ Buongiorno, signor Cervi. Come sta?
- ● Non c'è male, grazie. E Lei?
- ○ Bene, bene.

Osservate di nuovo la fotografia di pagina 8. Quali persone usano il "tu" e quali il "Lei"?

2 **Completate.**

Completate con le forme verbali che mancano.

stare	
io	sto
tu	stai
lui lei Lei	sta

Come stai? Come sta?

- 😄 Benissimo.
- 🙂 Bene.
- 😐 Abbastanza bene.
- 😕 Non c'è male.
- 😟 Così così.
- 😢 Insomma ...

3 **Lavorate in gruppi.**

Formate dei piccoli gruppi e, a turno, salutate e chiedete al vostro compagno come sta. Scegliete voi se usare la forma del tu o del Lei.

4 **Completate.**

Completate i mini dialoghi.

Buonasera!

Ciao, Carla!

Ciao, Luigi! Come stai?

Bene, e tu?

Arrivederci, signora! Come sta?

Bene, grazie. E Lei?

Es. 1–2
p. 104

B Piacere!

1 🎧 Ascoltate.
Ascoltate il dialogo.

- Tu sei Piero Rivelli, vero?
- ○ Sì, sono io. E tu sei ...?
- Io sono Margherita Moroni.
  E questa è Anna De Rosa,
  un'altra collega.
- ○ Piacere.
- △ Piacere.

Gli italiani dicono "piacere".
E voi nella vostra lingua?

Nice to meet you.

2 Completate.
Inserite le forme verbali che mancano.

essere	
io	*sono*
tu	*sei*
lui lei Lei	*è*

Io sono Margherita.

Questo è Piero.

Questa è Anna De Rosa.

3 In classe
Fate conoscenza con il/la vostro/a compagno/a di banco. Poi presentatelo/a agli altri compagni della classe.

4 Formate delle frasi.
Formate tre frasi con queste parole.

sono   sei   Maria   Giovanni   Rodari   è

tu   io   questo   Antonio   vero

?

Es. 3
p. 105

C Le presento il signor Rivelli.

1  Ascoltate.
Ascoltate il dialogo.

- ● Buongiorno, ingegnere!
- ○ Buongiorno, signora Moroni.
- ● Ingegnere, Le presento il signor Rivelli.
  Piero, l'ingegner Gambini.
- △ Piacere.
- ○ Molto lieto.

2 Completate.
Completate le frasi con l'articolo determinativo.

	.... signor Rivelli.	
Le presento	la signora De Rosa.	Piacere.
	.... ingegner Gambini.	

Quando usiamo l'articolo determinativo davanti a *signora / signor* e davanti ai titoli professionali? E quando no?

3 Guardate e completate.
Guardate i seguenti biglietti da visita
e completate i mini dialoghi.

Francesca Capano
Architetto

Salita Due Porte alla Salute, 12
Napoli   Tel. 549 28 29

DOTT.SSA LUISA LUBRANO

Ass. L.U.I.M.O. – Via Luca Giordano, 8 – Napoli
Tel. 081/7615727

Ing. Raffaele Verde

Napoli · Viale Gramsci, 51
Tel. (081) 37 24 95

R
A **Rosaria Accarino**

Largo Sermoneta, 7   Tel. 73 75 55 12
Napoli

STUDIO LEGALE
Avv. Vincenzo Vitiello

Napoli – Riviera di Chiia, 53
Tel. 66 75 59

Antonio Fabbrocini

Via Tasso 12 - 80123 Napoli
Tel. 081/ 5751241 (fax)

1. ● Ingegnere, Le presento .... architetto Capano.

   Francesca, ... ingegner Verde.

   ○ Molto lieto.

2. ● È Lei .... signor Fabbrocini?

   △ Sì, sono io.

   ● Piacere. Sono .... avvocato Vitiello.

3. ● Buongiorno, sono .... dottoressa Lubrano.

   ○ Piacere. Rosaria Accarino.

Adesso, lavorate in coppia: leggete insieme i dialoghi.

4 Lavorate in gruppi.

Formate dei piccoli gruppi. Presentate ad un vostro compagno un altro del gruppo.
Scegliete voi se usare la forma del tu o del Lei.

ESEMPIO
- Signora Verdi, Le presento il signor Seriani.
- Anna, questo è Andrea.

5 Prendete appunti.

Lavorate in coppia: scrivete le frasi e le espressioni imparate finora.

Salutare	Chiedere a una persona come sta
....	....
....	....
....	....

Presentare se stessi o altri	Dire come si sta
....	....
....	....
....	....

6 Fate conversazione.

Siete ad una festa. Salutate amici e conoscenti e chiedete loro come stanno.
Presentate voi stessi e la persona che è con voi ad altri invitati.

Es. 4–8
pp. 105–106

D Dove abiti?

1 🎧 Ascoltate.

Ascoltate il dialogo e scrivete le città nominate.

- Ma tu, Margherita, dove abiti?
- Abito qui a Perugia, ma sono di Terni. E tu di dove sei?
- Io sono di Genova, ma adesso abito a Firenze.
- Ah! Anche l'ingegner Gambini abita a Firenze.
- Davvero? Però non è di Firenze ...
- No, no. È di Lugano.

2 Leggete e completate.

Leggete il dialogo e rispondete alle domande.

Di dov'è Margherita?

È di ....,

ma abita a ....

E Piero?

È di ....,

ma abita a ....

E l'ingegner Gambini?

È di ....,

ma abita a ....

3 Completate.

Inserite le forme verbali che mancano.

abitare	
io	....
tu	....
lui lei Lei	....

Dove abiti? Lei dove abita?
Abito a Firenze.

Di dove sei? Lei di dov'è?
Sono di Genova.

4 🎧 Ascoltate.

Ascoltate e indicate soltanto le città e le regioni italiane che sono nominate.
Come si chiamano nella vostra lingua?

☐ Venezia ☐ Milano ☐ Torino ☐ Perugia

☐ Bologna ☐ Roma ☐ Veneto ☐ Palermo

☐ Firenze ☐ Napoli ☐ Sicilia ☐ Calabria

☐ Lazio ☐ Toscana ☐ Lombardia ☐ Umbria

☐ Liguria ☐ Sardegna

Es. 9–10
p. 107

5 Fate conversazione.

A piccoli gruppi, a turno, chiedete a un compagno di dov'è e dove abita.

E Sono olandese.

1 📖 **Leggete.**

Leggete i messaggi di questi ragazzi che discutono nella chatroom *Amici.net*. Potete formare due coppie?

AMICI.NET

>Ciao a tutti! Sono Greet, sono olandese, di Rotterdam. Cerco ragazzo italiano per un'amicizia on line.<

>Sono David, sono inglese, di Liverpool. Studio in Italia e cerco amici on line.<

>Sono Mauro, abito in Svizzera ma sono italiano al 100%!<

>Salve, sono Laura! Abito a Milano ma sono tedesca. Chattiamo?<

2 **Completate.**

Completate con la nazionalità dei ragazzi.

Di dov'è	Mauro?	È ....
	David?	È ....
	Laura?	È ....
	Greet?	È ....

Quali sono le desinenze (ultima lettera) dell'aggettivo che indica la nazionalità al maschile? E al femminile?
Quale desinenza è valida per tutti e due i generi?

3 **Fate delle ipotesi.**

Queste sono alcune persone incontrate nella chatroom. A coppie, secondo l'esempio, fate delle ipotesi sulla loro nazionalità.

francese

svizzero/a

austriaco/a

spagnolo/a

ESEMPIO
● Secondo te, Piet di dov'è?
○ Secondo me, è olandese.

Isabel

Andrea

Janine

Piet

John

Maria

4 **Fate i dialoghi.**

A coppie fate dei brevi dialoghi con le parole date sotto, secondo l'esempio.

1. Fabio ◆ Svizzera ◆ Lugano.
2. Greet ◆ Olanda ◆ Rotterdam.
3. Laura ◆ Italia ◆ Milano.

4. Janine ◆ Francia ◆ Parigi.
5. Peter ◆ Germania ◆ Stoccarda.
6. Maria ◆ Austria ◆ Vienna.

ESEMPIO
● Mauro abita in Svizzera.
○ Dove?
● A Lugano.

● Mauro è svizzero.
○ Di dove?
● Di Lugano.

5 Raccontate.

Conoscete un personaggio famoso che non vive nel suo Paese?
Dite di dov'è e dove vive oggi.

6 Completate.

Per partecipare, come Mauro, alla chatroom *Amici.net* compilate la scheda d'iscrizione.

nome:	Mauro
cognome:	Di Giulio
nazionalità:	italiana
città:	Zurigo
e-mail:	mauro75@gmg.ch

nome:	
cognome:	
nazionalità:	
città:	
e-mail:	

Es. 11–17
pp. 107–109

7 Scrivete.

Scrivete anche voi un breve messaggio di presentazione per la chatroom *Amici.net*.

F Come si pronuncia?

1 Ascoltate e ripetete.

Ascoltate e ripetete le seguenti parole.

centro   giubileo   ciabatta   ghirlanda   acciuga   come   galleria

Calabria   laguna   pacchetto   geniale   adagio   Giro d'Italia   parmigiano

prego   arrivederci   traghetto   Chianti   cura   Riccione

2 Completate.

Inserite le parole di sopra, in base alla loro pronuncia, nella colonna corretta.

[tʃ] come *vicino*	[k] come *banco*	[dʒ] come *Genova*	[g] come *dialogo*

3 Leggete.

A coppie, leggete le parole. Conoscete altre parole italiane da inserire
in questi quattro gruppi?

Es. 18–19
p. 109

Ricapitoliamo!

Lavorate in tre. Realizzate un dialogo in un ufficio dove tre colleghi
fanno conoscenza: saluti, presentazioni, provenienza di ognuno ecc.

Si dice così

Salutare

Buongiorno!
Buonasera!
Salve.
Ciao!
Arrivederci.

Chiedere a una persona come sta

Come stai?	Benissimo, grazie.
Come sta?	Bene.
Come va?	Abbastanza bene.
	Non c'è male.
	Così così.
	Insomma ...

Presentare se stesso o qualcun altro

Sono Mario.	
Questo è Marco.	
Questa è Maria.	Piacere.
il signor Rivelli.	
Le presento la signora Moroni.	
l'ingegner Perini.	

Chiedere la nazionalità e la provenienza

Di dove sei?	Sono	di Perugia.
Lei di dov'è?		italiano.

Chiedere dove abita qualcuno

Dove abiti?	Abito	a Milano.
Lei dove abita?		in Italia.

1. Verbi: forme al singolare → 1, 18, 19, 31

	essere	stare	abitare
io	sono	sto	abito
tu	sei	stai	abiti
lui, lei, Lei	è	sta	abita

2. Pronomi personali: forme al singolare → 15

1ᵃ persona:	io
2ᵃ persona:	tu
3ᵃ persona:	lui, lei, Lei

3. Articolo determinativo: forme al singolare → 5

maschile	femminile
il signore	la signora
l'ingegnere	l'amicizia
lo studente	
lo zoo	

4. Articolo determinativo: uso → 6

	il signor Rivelli.
Le presento	la dottoressa De Rosa.

Ma: Buongiorno, signor Rivelli!
     Buonasera, dottoressa!

5. Aggettivi che esprimono la nazionalità → 11

maschile	femminile
tedesco	tedesca
austriaco	austriaca
svizzero	svizzera
olandese	
inglese	

6. Preposizioni: a, in → 27

a Roma	in Italia

note

Guardate la carta geografica.
Lavorate in coppia: osservate la cartina dell'Italia.
Quali città conoscete?

Bolzano
Trento
Trieste
Aosta
Milano
Verona
Venezia
Torino
Pavia
Genova
Bologna
Imperia
Firenze
Senigallia
Ancona
Perugia
Pescara
L'Aquila
Roma
Campobasso
Napoli
Bari
Potenza
Lecce
SARDEGNA
Cagliari
Catanzaro
Reggio Calabria
Palermo
SICILIA

 Conoscete altre
città italiane?

A In treno

1 **Ascoltate.**
Ascoltate la conversazione; potete capire tra
quali città è il treno?

△ = signora Kreisler ○ = signor Kreisler
● = signora Magoni

△ Scusi, siamo già a Pavia?
● No, Pavia è la prossima.
△ Ah, grazie.
● Non siete italiani, vero?
○ No, siamo tedeschi, di Francoforte.
● E adesso tornate in Germania?
○ No, no, noi abitiamo a Milano.
● Ah, abitate a Milano anche voi...
   Perciò parlate così bene l'italiano!

2 Completate.
Inserite le forme verbali che mancano.

	essere	abitare
io	sono	abito
tu	sei	abiti
lui, lei, Lei	è	abita
noi	....	....
voi	....	....
loro	sono	abitano

Non	abitiamo	in Germania.
	torniamo	

3 Mettete una crocetta.
Indicate le affermazioni
corrette.

Confrontate le vostre risposte
con quelle del vostro compagno
di banco. Leggete le risposte corrette
e formate delle frasi.

La signora Magoni
☐ abita in Germania.
☐ è italiana.

Il signore e la signora Kreisler
☐ abitano a Milano.
☐ tornano in Germania.
☐ sono italiani.
☐ sono di Francoforte.
☐ abitano a Pavia.
☐ parlano bene l'italiano.

4 **Ascoltate e osservate la cartina dell'Italia.**
Adesso ascoltate un'altra conversazione in treno:
cercate di capire di nuovo dov'è il treno.

5 🎧 **Ascoltate.**

Ascoltate il dialogo una seconda volta e dite perché Rita e Manuela sono in viaggio.

△ = controllore   ● = Rita   ○ = Manuela

△ Biglietti, prego ...
● Scusi, per Senigallia devo cambiare?
△ No, con questo treno no.

○ Vai a Senigallia?
● Sì, anche tu?
○ No, io vado a Bologna ... a trovare un amico. E tu, come mai vai a Senigallia?
● Eh, per lavoro. Beh, veramente studio ancora, ma quest'estate lavoro in un albergo.

6 **Completate.**

Inserite le forme verbali che mancano.

andare	
io	....
tu	....
lui, lei, Lei	va
noi	andiamo
voi	andate
loro	vanno

Come mai vai a Senigallia / a Bologna?		
		per lavoro.
		a passare le vacanze.
Vado a	Senigallia Bologna	per visitare la città.
		per imparare l'italiano.
		a trovare un amico.

7 **Raccontate.**

Lavorate in piccoli gruppi. Raccontate, secondo l'esempio e con l'aiuto delle informazioni date sotto, qualcosa sui passeggeri protagonisti dei dialoghi in treno.

 ABITARE   a Milano
in Germania

 ANDARE   in Germania
a Bologna
a trovare un amico

 LAVORARE   in un albergo
a Senigallia

 ESSERE   di Francoforte
in treno

ESEMPIO   Il signore e la signora Kreisler abitano a Milano.
La signora Magoni ...
Rita ...

8 **Lavorate in coppia.**

Scrivete su un foglietto tre frasi su voi stessi. In seguito, uno di voi raccoglie tutti i foglietti e li distribuisce alla classe alla rinfusa. Ora che avete un foglietto tra le mani, che non è il vostro, cercate di capire, con delle domande, di chi è.

9 **Scrivete e domandate.**

Guardate la cartina dell'Italia a pag.18 e scegliete una meta
per il vostro viaggio. Spiegate, quindi, al vostro compagno
dove andate e perché.

Es. 1–7
pp. 110–111

Lettura

1  **Leggete**.

Leggete le seguenti informazioni su Senigallia e sottolineate tutte
le parole che capite.

SENIGALLIA

Dov'è

Senigallia è nelle Marche, una
regione dell'Italia Centrale,
sul mare Adriatico. Si trova tra le
città di Pesaro a nord ed Ancona a
sud. A ovest, verso
le montagne, ci sono le città di
Urbino e di Gubbio.

Che cosa offre

Senigallia è un luogo ideale per le
vacanze. Ha circa
10 km di spiaggia e un
centro storico importante
e ben conservato.

Come arrivarci

Giungere a Senigallia è facile.
Possiamo arrivarci dall'autostrada,
dalla stazione, dal porto
e dall'aeroporto di Ancona Falconara.

2 **Lavorate in coppia.**

Adesso insieme ad un compagno cercate di capire anche altre parole.

3 Vero o falso?
Indicate con una crocetta se queste informazioni sono vere o false.

	V	F
Senigallia è una regione italiana.		
Urbino e Gubbio sono sul mare.		
La spiaggia di Senigallia è lunga.		

4 Cercate le parole.
Leggete di nuovo, a pag. 21, il terzo paragrafo del dépliant turistico su Senigallia e trovate le parole che corrispondono a questi simboli.

 ....

B Vorrei prenotare una camera.

1 Abbinate.
Abbinate le parole evidenziate ai simboli.

Senigallia

HR ★★★★

Hotel Ritz

HR
★★★★
☆☆☆☆

Hotel Ritz

Lungomare Dante
Alighieri 142
60019 Senigallia

PER LA VOSTRA VACANZA

- 150 camere con vista sul mare, servizi privati e aria condizionata
- Parcheggio
- Ristorante
- Piscina
- Giardino
- Spiaggia privata
- Campo da tennis
- Ascensore e servizio in camera

PER I VOSTRI AFFARI

- Sala congressi

2 🎧 **Ascoltate.**

Ascoltate la telefonata.

- Hotel Ritz, buongiorno!
- ○ Buongiorno, vorrei prenotare una camera per questo fine settimana.
- Sì, ... una singola o una doppia?
- ○ Una doppia.
- Va bene, e a che nome?
- ○ Russo.
- Russo ... sì. E quando arrivate?
- ○ Venerdì sera. A proposito, c'è il parcheggio?
- Sì, signora.
- ○ Ah, perfetto! Solo una domanda ancora, c'è l'aria condizionata in camera?
- Certo.
- ○ Bene, allora grazie e arrivederci.
- Arrivederci!

Hotel Ritz

★★★★
HR

Lungomare Dante
Alighieri 142
60019 Senigallia

Camera e colazione	
Camera doppia	120 Euro
Camera singola	80 Euro
Mezza pensione	
Supplemento	
per persona	20 Euro

3 **Inserite la prenotazione.**
Scrivete sull'agenda la prenotazione della signora Russo.

lunedì	martedì	mercoledì	giovedì	venerdì	sabato	domenica

4 **Mettete una crocetta.**
Indicate quali informazioni chiede la signora Russo durante la sua telefonata all'albergo.

- ☐ piscina
- ☐ parcheggio
- ☐ camera doppia
- ☐ camera singola
- ☐ ascensore
- ☐ aria condizionata

5 **Completate.**
Che cosa manca? Completate.

	.... parcheggio?	Sì, signora.
C'è	.... aria condizionata?	Certo.
	.... piscina?	No, non c'è.

6 **Lavorate in coppia.**
Guardate ancora una volta il dépliant a pag. 22, poi chiudete il libro e con domande e risposte parlate dei servizi che offre l'Hotel Ritz.

7 Prendete appunti.

Lavorate in coppia: scrivete le espressioni imparate finora.

Prenotare una camera	Chiedere informazioni su un albergo

8 Fate la prenotazione.

Es. 8–14
pp. 112–114

Lavorate a coppie. Lo studente *A* è il receptionist dell'albergo; lo studente *B* è un cliente che telefona all'Hotel Ritz per prenotare una camera e chiedere informazioni sui servizi che offre l'albergo.

C Mi chiamo Price.

1 Ascoltate.

Ascoltate il dialogo.

- ● Buonasera!
- ○ Buonasera. Avete una prenotazione per stasera al nome di Price?
- ● Come, scusi?
- ○ Price. Pi - erre - i - ci - e. È una camera singola...
- ● Ah, sì... Price. Ecco la chiave.
- ○ Ah, grazie.

2 Ascoltate e ripetete.

Ascoltate le lettere dell'alfabeto e ripetete.

A a	B bi	C ci	D di	E e	F effe	G gi	H acca	I i	J i lunga	K cappa	L elle	M emme

N enne	O o	P pi	Q qu	R erre	S esse	T ti	U u	V vi/vu	W vu doppia	X ics	Y ipsilon	Z zeta

3 Fate il dialogo.

Lavorate in coppia. Fate un dialogo alla reception di un albergo e usate il vostro nome.

4 **Lavorate in coppia.**

Lavorate in due: uno dice una parola e l'altro fa lo spelling.

ESEMPIO
- Vi – a – ci – a – enne – zeta – e.
- Vacanze.

5 🎧 **Ascoltate e scrivete.**

Ascoltate lo spelling di alcune parole e scrivetele. Poi, confrontatele con quelle del vostro compagno. Per un ultimo controllo ascoltate le parole ancora una volta.

Es. 15–16
p. 115

D **Un po' di fonetica**

1 🎧 **Ascoltate e ripetete.**

Ascoltate attentamente le parole e ripetete.

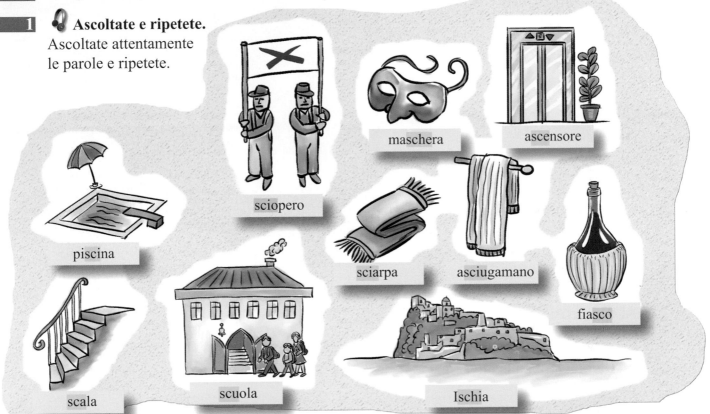

sciopero

maschera

ascensore

piscina

sciarpa

asciugamano

fiasco

scala

scuola

Ischia

2 **Completate.**

Ora, in base alla loro pronuncia, scrivete le parole dell'esercizio 1 nella colonna corretta.

[ʃa] (sciampagna)	[ʃe] (scendere)	[ʃi] (uscire)	[ʃo] (sciocco)	[ʃu] (asciugare)

[ska] (scandalo)	[ske] (schema)	[ski] (maschile)	[sko] (scopo)	[sku] (scusa)

Es. 17
p. 115

Conoscete altre parole da inserire nei vari gruppi?

Ricapitoliamo!

Lavorate in due. Durante una visita guidata per la città di Pistoia, in Toscana, incontrate un/una turista di un altro gruppo e iniziate a parlare. Ognuno dice di dove è, come mai è a Pistoia e in quale albergo alloggia. Prima di salutare vi presentate con il vostro nome.

A proposito, io mi chiamo...

Si dice così

Cominciare una conversazione

> Scusi, siamo già a Pavia?
> A proposito, c'è il parcheggio?

Esprimere un motivo

> Vado a Senigallia   a trovare un amico.
>   per visitare la città.
>   per lavoro.

Dire il proprio nome

> Mi chiamo Carlo Serpotta.

Chiedere di ripetere

> Come, scusi?

Chiedere se c'è qualcosa

> C'è la piscina?

Confermare

> Sì, signora.
> Certo.

Esprimere un desiderio

> Vorrei una camera.

Grammatica

1. Verbo *essere*, *andare* e verbi in *-are*:
   forme al singolare e al plurale → 18, 19, 31

note

	essere	abitare	andare
io	sono	abito	vado
tu	sei	abiti	vai
lui, lei, Lei	è	abita	va
noi	siamo	abitiamo	andiamo
voi	siete	abitate	andate
loro	sono	abitano	vanno

2. La negazione semplice con *no* e *non* → 25

No, io vado a Pescara.
Non andiamo in Italia.

3. Articolo determinativo: uso → 6

All'albergo Ritz c'è **la** piscina.
Il signor Lewis parla bene **l'**italiano.

4. Sostantivi: desinenze al singolare → 2

maschile	*femminile*
il parcheggi**o**	la piscin**a**
il ristorant**e**	la stazion**e**
il tenni**s**/il ba**r**	l'e-mai**l**

5. Gli interrogativi *dove?* e *di dove?* → 17

Dove abiti?
Dove vai?
Di dove sei?

6. Preposizioni: *a*, *in* → 27

Abito **a** Roma.
Vado **a** Roma.

Abito **in** Italia.
Vado **in** Italia.

3 *Ripasso*

Cari studenti, in queste unità di ripasso trovate alcuni consigli utili per migliorare il vostro metodo di studio della lingua italiana.

A Impariamo i vocaboli!

Per ricordare ed imparare meglio le parole e le espressioni importanti che incontrate nelle unità potete:

1 Archivio mobile

creare il vostro archivio mobile, cioè un quaderno dove scrivete le parole e le espressioni utili. Per esempio, se pensate di andare in Italia in auto e se amate giocare a tennis, scrivete sul vostro quaderno frasi come queste:

> *Le mie frasi*
>
> *Vado a Venezia a trovare un amico.*
> *Vorrei una camera singola.*
> *C'è il parcheggio?*
> *C'è il campo da tennis?*
>
> ....

2 Schede

scrivere su schede le parole e le frasi organizzate per temi o situazioni, come nell'esempio qui accanto. Dietro ogni scheda, potete scrivere la traduzione nella vostra lingua;

> **In albergo**
>
> camera doppia
> colazione
> aria condizionata
> prenotare
> ....

> **Prenotare**
>
> Vorrei una camera con bagno per il fine settimana.
> C'è la piscina?
> ....

3 Parole associate

scrivere, come nell'esempio qui accanto, le parole relative ad un tema.

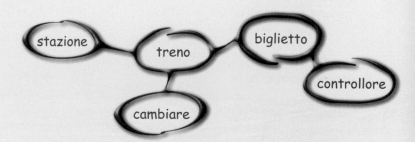

stazione — treno — biglietto — controllore — cambiare

4 E ora provate voi!

Ora, con l'aiuto dell'insegnante, mettete in pratica questi tre consigli e lavorate sul lessico dell'unità 1.

B Leggere in italiano? Certo!

1 Che testo è questo?

Un grande aiuto per la comprensione di un testo è cercare di capire, dalla grafica o dal titolo, che tipo di testo è. Così potete capire quali informazioni contiene un testo prima di leggerlo. Prendete, ad esempio, la vostra prima lettura a pag. 21, il dépliant su Senigallia, i grandi titoli, le belle fotografie: quante informazioni è possibile capire prima ancora di leggere il testo? Ora, lavorate in coppia: osservate i testi qui accanto e dite che tipo di testi sono e quali informazioni potete capire.

2 Che cosa significa?

Quando leggete un testo in lingua straniera più parole conoscete più facile è la comprensione. Ma c'è sempre qualche parola sconosciuta. Qui di seguito ci sono alcuni modi per capire il significato di una parola sconosciuta.

Capisco le parole sconosciute:

☐ perché assomigliano ad alcune parole della mia lingua
☐ perché assomigliano ad alcune parole straniere che conosco già
☐ dal contesto
☐ dal materiale visivo
☐ altro: ....

Leggete ancora una volta il testo su Senigallia a pag. 21 e segnate con una X quali di questi modi sono un aiuto per capire alcune parole sconosciute del testo.

3 E ora buona lettura!

Ora leggete il testo qui accanto e mettete in pratica i consigli di questa unità di ripasso.

HOTEL BAIA DEL CAPITANO ☆☆☆

▶ **Mazzaforno/Cefalù (Pa)**
Piccolo hotel in stile mediterraneo, situato in una tranquilla zona di campagna a pochi minuti dal mare e a 5 km dal centro storico di Cefalù. Gestione familiare. Dalla terrazza panoramica meravigliosa vista sul Golfo di Cefalù. 39 camere con bagno, telefono, TV, aria condizionata. Ristorante con menu alla carta. Giardino, piscina, spiaggia riservata attrezzata (sdraio e ombrelloni gratuiti), parcheggio. Autobus di linea per il centro.

C Il giro delle Marche

1 Rispondete in italiano!

Le regole del gioco sono a pag. 196

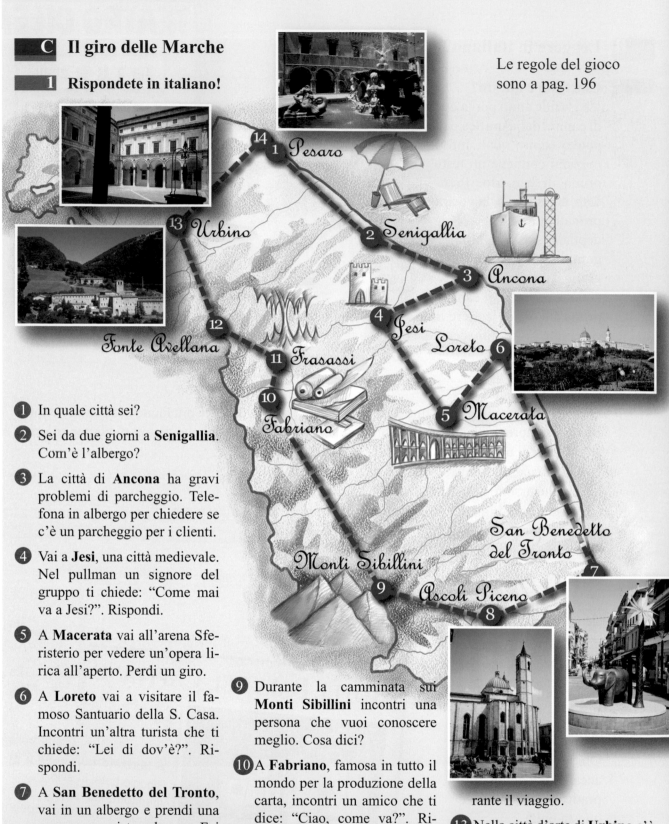

1 In quale città sei?

2 Sei da due giorni a **Senigallia**. Com'è l'albergo?

3 La città di **Ancona** ha gravi problemi di parcheggio. Telefona in albergo per chiedere se c'è un parcheggio per i clienti.

4 Vai a **Jesi**, una città medievale. Nel pullman un signore del gruppo ti chiede: "Come mai va a Jesi?". Rispondi.

5 A **Macerata** vai all'arena Sferisterio per vedere un'opera lirica all'aperto. Perdi un giro.

6 A **Loreto** vai a visitare il famoso Santuario della S. Casa. Incontri un'altra turista che ti chiede: "Lei di dov'è?". Rispondi.

7 A **San Benedetto del Tronto**, vai in un albergo e prendi una camera con vista sul mare. Fai lo spelling del nome della tua città e del tuo nome e cognome.

8 In Piazza del Popolo ad **Ascoli Piceno** in un caffè incontri una studentessa italiana. Dai il tuo indirizzo e il tuo numero di telefono.

9 Durante la camminata sui **Monti Sibillini** incontri una persona che vuoi conoscere meglio. Cosa dici?

10 A **Fabriano**, famosa in tutto il mondo per la produzione della carta, incontri un amico che ti dice: "Ciao, come va?". Rispondi.

11 Visiti le bellissime Grotte di **Frasassi**. Alla fine dell'escursione saluti e ringrazi la guida.

12 Sei nell'abbazia di **Fonte Avellana**. Ricordi tre frasi in italiano particolarmente utili du-rante il viaggio.

13 Nella città d'arte di **Urbino** c'è molto da vedere. Prenoti una camera in albergo a mezza pensione per il fine settimana. Perdi un giro.

14 Sei di nuovo a **Pesaro**, il punto di partenza. Inizi un nuovo viaggio. Dove vai e perché?

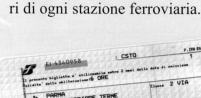

Primi contatti

• Gli italiani sono persone aperte, molto cordiali e spesso per salutarsi si abbracciano o si baciano sulla guancia. Ma cosa dicono per salutarsi?

Ciao! è un saluto amichevole e confidenziale quando incontri o lasci qualcuno.

Buongiorno! è il saluto che gli italiani usano al mattino e durante la giornata.

Buonasera! è il saluto per quando arriva la sera.

Buona giornata! o *Buona serata!* gli italiani li usano come augurio.

• Se in Italia incontri qualcuno puoi usare il *tu*, il *Lei* o il *voi*.

Gli italiani usano il *tu* tra amici, in famiglia, tra persone giovani, tra conoscenti e spesso tra colleghi. Infatti, spesso dicono *"Diamoci del tu!"*. Molte volte questo dipende dalla situazione.

Usano il *voi* quando parlano a più persone.

• Come titolo di rispetto, gli italiani usano molto spesso *signora / signore* prima del nome o del cognome. Altri titoli professionali in italiano sono:

Dottore / Dottoressa, per chi è laureato all'università.

Professore / Professoressa, per chi insegna nelle scuole o all'università.

Nel caso del maschile, la desinenza *-re* perde la vocale ("Buongiorno, *signor / professor / dottor* Pisaro").

Biglietti, prego!

• In Italia è possibile comprare il biglietto del treno alla biglietteria della stazione, all'agenzia di viaggi, alla biglietteria automatica.

• Prima di salire sul treno, per evitare la *multa*, devi *convalidare* il tuo biglietto ad uno dei tanti apparecchi, di color giallo o arancione, che trovi sui binari di ogni stazione ferroviaria.

Alloggio

• Se vuoi passare qualche giorno di vacanza in Italia e non sai ancora dove alloggiare, puoi scegliere tra: un *albergo*, una *pensione*, un *villaggio turistico*, un *campeggio*, un *agriturismo*.

Se prenoti una camera in albergo, bisogna ricordare che: *una doppia*, è una camera con due letti separati, mentre *una matrimoniale*, è una camera con un letto doppio (160x200).

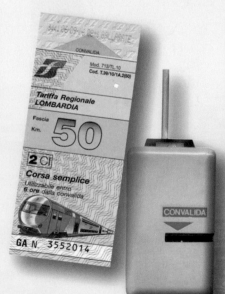

Prendi un caffè?

Guardate la foto.
Osservate la fotografia e dite che cosa ha il cameriere sul vassoio.

Conoscete in italiano il nome di altre bevande?

A Prendiamo un aperitivo?

1 Osservate.

Guardate i disegni e segnate con una crocetta il nome
dei cibi e delle bevande che vedete.

panino	latte macchiato	pasta
caffè	spumante	succo di frutta
gelato	acqua minerale	tramezzino
aranciata	cornetto	zucchero

2 Ascoltate.

Ascoltate il dialogo e dite che cosa prendono al bar i tre amici.

● = Paolo   ○ = Lucia   △ = Claudio   ▲ = cassiera

● Ragazzi, prendiamo un aperitivo al Bar del Corso?
○ Al Bar del Corso? Ma è caro!
● Beh, ma al banco ...
○ E va bene.

Alla cassa

● Allora, che cosa prendete?
○ Io un Martini bianco.
● Prendi un Martini anche tu, Claudio?
△ No, io prendo una spremuta d'arancia.
● Allora ... una spremuta, un Martini e per me ... un prosecco. Quant'è?
▲ 8 euro e 20.
● Claudio, hai per caso 20 centesimi?
▲ Va bene anche così ... ecco il resto e lo scontrino.

3 Completate.

Completate con le forme verbali e gli articoli che mancano.

	prendere	avere
io	....	ho
tu	....	....
lui, lei, Lei	prende	ha
noi	....	abbiamo
voi	....	avete
loro	prendono	hanno

Che cosa prendete?
Io prendo un caffè.
Per me .... aperitivo.
uno spumante.
.... spremuta.
un'aranciata.

Completate i disegni accanto con
le forme maschili e femminili
dell'articolo indeterminativo.

4 Lavorate in gruppi.

In piccoli gruppi immaginate di essere in un bar italiano. Prima di pagare alla cassa chiedete agli altri compagni che cosa prendono.

5 Completate.

Mettete l'articolo indeterminativo.

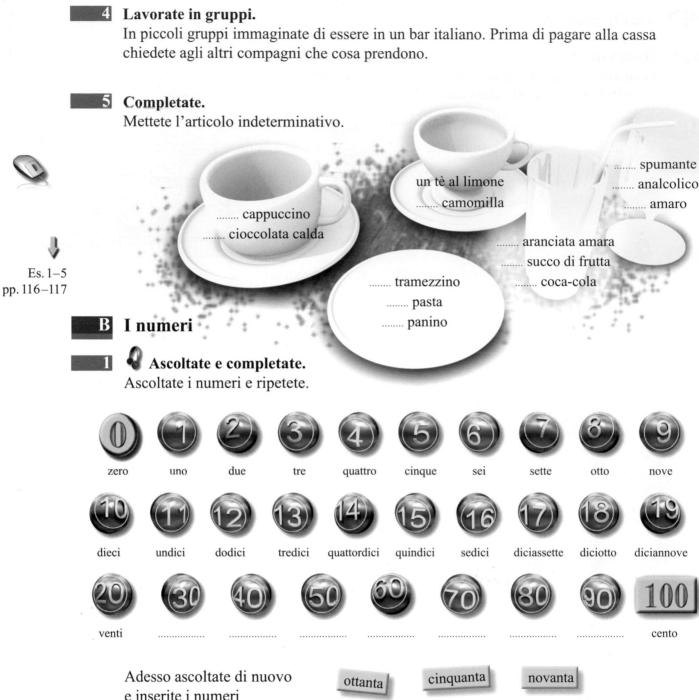

.... spumante
.... analcolico
.... amaro

un tè al limone
.... camomilla

.... cappuccino
.... cioccolata calda

.... aranciata amara
.... succo di frutta
.... coca-cola

.... tramezzino
.... pasta
.... panino

Es. 1–5
pp. 116–117

B I numeri

1 Ascoltate e completate.

Ascoltate i numeri e ripetete.

0 zero	1 uno	2 due	3 tre	4 quattro	5 cinque	6 sei	7 sette	8 otto	9 nove
10 dieci	11 undici	12 dodici	13 tredici	14 quattordici	15 quindici	16 sedici	17 diciassette	18 diciotto	19 diciannove

20 venti	30	40	50	60	70	80	90	100 cento

Adesso ascoltate di nuovo
e inserite i numeri
che mancano.

ottanta   cinquanta   novanta

trenta   settanta   quaranta   sessanta

2 Ascoltate.

Ascoltate ora dei mini dialoghi in un bar
e indicate nella tabella con una crocetta
i prezzi riferiti nelle conversazioni.

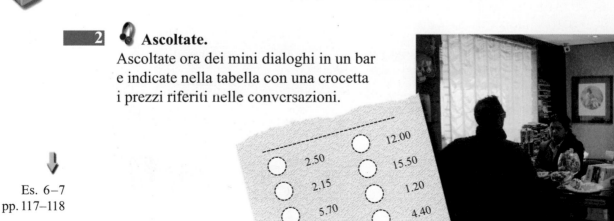

○ 2.50   ○ 12.00
○ 2.15   ○ 15.50
○ 5.70   ○ 1.20
○ 17.50   ○ 4.40

Es. 6–7
pp. 117–118

C Volete ordinare?

1 **Guardate e ascoltate.**
Guardate la fotografia e ascoltate.
Che cosa ordinano i clienti?

2 **Ascoltate e completate.**
Riascoltate e completate l'ordinazione.

● Senta ... scusi ...

○ Volete ordinare?

● Sì, io vorrei .... e

....

○ Gassata o naturale?

● Naturale.

○ Va bene.

▲ Per me ...... :........................ e una pasta.

△ Un cappuccino anche per me.

○ E per Lei?

◆ Mmm, per me un caffè, una minerale gassata e ....

◇ Io invece prendo .... di frutta alla
pesca.

3 **Ascoltate e completate.**
Ascoltate come il cameriere riassume l'ordinazione.

○ Allora, due caffè, due bicchieri d'acqua minerale, due cappuccini,
due paste e un succo di frutta alla pesca. Basta così?

Inserite nella tabella i sostantivi al plurale.

un cappuccino	due	
un bicchiere d'acqua	due .... d'acqua	
una pasta	due	
un caffè	due	

Osservate le desinenze dei
sostantivi al plurale.
Che cosa notate?

4 **Lavorate in coppia.**
A coppie, leggete l'uno
all'altro le ordinazioni
prese dal cameriere.

5 **Lavorate in gruppi.**
Formate dei piccoli gruppi. Uno di voi è il cameriere, gli altri
i clienti seduti al tavolino di un bar. Voi ordinate e il cameriere
prende le vostre ordinazioni e, alla fine, le riassume.

Es. 8–9
p. 118

D Com'è il caffè?

1  **Ascoltate e abbinate.**
Ascoltate e abbinate ad ogni immagine una delle seguenti frasi.

1. Il caffè è un po' freddo.
2. Accidenti che panino!
3. Questa pasta è troppo dolce.
4. Mmmh ... questa pizzetta è proprio buona!

2 **Completate.**
Completate le risposte con un aggettivo.

Com'è	il caffè?	È	....
	il panino?		grande.
	la pizzetta?		....
	la pasta?		....

Osservate le desinenze al singolare degli aggettivi qualificativi. Che cosa notate?

3 **Lavorate in gruppi.**
A turno e in base all'esempio, fate dei mini dialoghi sui cibi e le bevande che seguono.

ESEMPIO
- ● Com'è il caffè?
  ○ È un po' freddo.
- ● È buona la cioccolata?
  ○ Sì, è proprio buona. / No, è troppo dolce.

un po'
proprio
troppo

buono / buona
amaro / amara
freddo / fredda
dolce
caldo / calda

cornetto   caffè   gelato

cioccolata   spremuta   birra

Es. 10
p. 119

Ascolto

1  **Ascoltate e prendete nota.**
Ascoltate il dialogo e scrivete le parole che già conoscete. Dopo, confrontate i vostri appunti con quelli dei compagni vicini.

2 **Ascoltate e fate delle ipotesi.**
Ascoltate nuovamente il dialogo e con un compagno fate delle ipotesi: di che cosa parlano le persone?

3 🎧 **Ascoltate e mettete una crocetta.**

Ascoltate il dialogo e segnate con una crocetta le affermazioni corrette.

Maria Teresa a colazione di solito prende

☐ un caffè e un panino.

☐ un caffellatte e pane e marmellata.

Marco a colazione di solito prende

☐ un caffè e un cornetto.

☐ un tè e cereali.

E Ancora numeri!

1 🎧 **Ascoltate.**

Ascoltate i numeri e ripetete.

20 venti	**25** venticinque	**200** duecento	**700** settecento
21 ven**tu**no	**26** ventisei	**300** trecento	**800** ottocento
22 ventidue	**27** ventisette	**400** quattrocento	**900** novecento
23 ventitré	**28** ven**t**otto	**500** cinquecento	**1000** mille
24 ventiquattro	**29** ventinove	**600** seicento	**2000** duemila

2 🎧 **Ascoltate e sottolineate.**

Ascoltate e sottolineate il numero corretto.

44 ◆ 400   600 ◆ 400   87 ◆ 68   50 ◆ 15   1000 ◆ 2000

3 📖 **Leggete.**

Leggete il ritaglio di giornale.

365 colazioni, pranzi e cene di un italiano medio

Il menu di un anno a tavola

Primo piatto: *60 kg di pasta al sugo di pomodoro.*
Secondo: *82 kg di carne.*
Contorno: *40 kg d'insalata.*
Dessert: *13 kg di torta.*
E da bere: *75 bottiglie di vino, 69 lattine di birra, 81 litri di latte e 715 tazzine di caffè.*

82 kg
75 bottiglie
69 lattine
715 tazzine
13 kg
60 kg
40 kg
81 litri

1 kg = 1 chilo
60 kg = 60 chili

4 **Completate.**

Completate il testo con le informazioni date nel precedente esercizio.

In un anno un italiano mangia sessanta chili di pasta, ottantadue chili di ....,

tredici chili di .... e beve settantacinque bottiglie di ....

Es. 11
p. 119

1  **Ascoltate e completate.**

Ascoltate il dialogo. Quali dei cibi nominati conoscete già?

● Buonasera!

○ Buonasera, Raffaele. Un tavolo per due, per favore.

● Sì, prego ... questo va bene?

○ Sì, va benissimo!

...

○ Cosa avete di buono oggi?

● Allora ... oggi abbiamo ... come antipasto bruschetta al pomodoro o ai funghi, di primo minestrone, orecchiette al pesto e cannelloni con gli spinaci e di secondo calamari alla siciliana e coniglio in umido.

○ Signor Andersen, Lei cosa prende?

△ Mah, veramente non so ... avete anche le lasagne?

● No, mi dispiace.

△ E va bene, allora per me i cannelloni e di secondo prendo i calamari.

● Va bene. E per Lei, signor Rinaldi?

○ Dunque, provo anch'io i calamari alla siciliana ...

● Niente primo?

○ No, però prendo un antipasto ... la bruschetta al pomodoro.

● E da bere?

○ Mezzo litro di vino bianco della casa e una bottiglia di acqua minerale gassata, per favore.

● Benissimo.

Adesso, compilate il menu del giorno.

❖❖❖Piatti del giorno❖❖❖	
Antipasti	**Secondi**
....	**Carne**
....	....
Primi	**Pesce**
....	....
....	
....	

2 **Completate.**

Completate con l'articolo determinativo.

Che cosa prendi / prende di primo?
Di primo prendo ...... cannelloni con ...... spinaci. ...... lasagne.

Quali sono le forme maschili e femminili plurali dell'articolo determinativo? Inseritele nei disegni.

....

3 **Prendete appunti.**

Leggete ancora una volta il dialogo e scrivete nei riquadri le frasi corrispondenti.

Informarsi sui piatti del giorno	Ordinare
....	....
....	....
....	....

Es. 12–14
pp. 119–120

G Andiamo al ristorante!

1  **Leggete**.

Leggete il menu. Quali di questi piatti conoscete?

Ristorante La Piazzetta

MENU

ANTIPASTI	
Mozzarella di bufala con pomodorini e rucola	8.00
Crostini di fegatini alla fiorentina	4.00
Piccola zuppa di pesce fresco	6.00

PRIMI	
Tagliatelle al sugo di cinghiale	7.50
Ravioli con funghi porcini	7.50
Gnocchetti al gorgonzola	7.50
Lasagne alle verdure	7.50
Farfalle alla pescatora	7.50

SECONDI	
Coniglio alla griglia	8.00
Bistecca di maiale	8.00
Agnello in umido	11.00
Calamari alla siciliana	10.00
Trota alla mugnaia	12.50

CONTORNI	
Fagioli all'olio	3.00
Peperoni alla griglia	3.00
Spinaci aglio e olio	3.50
Patate fritte	3.50
Insalata mista	3.50

DESSERT	
Torta di noci	4.00
Biscottini di Prato e vinsanto	3.00
Frutta di stagione	2.50

Coperto € 2.00
IVA e servizio inclusi

2 **Un po' di fonetica.**

Ascoltate e ripetete che cosa consiglia oggi il cameriere del ristorante *La Piazzetta*.

3 **Lavorate in coppia.**

A coppie, leggete di nuovo il menu e poi fate dei mini dialoghi, come nell'esempio.

ESEMPIO
● Che cosa prendi/prende di contorno con il coniglio?
○ Le patate fritte.

4 **Fate conversazione.**

Lavorate in piccoli gruppi. Uno è il cameriere, gli altri i clienti che ordinano cibi e bevande.

Es. 15–17
p. 121

Ricapitoliamo!

A piccoli gruppi immaginate di essere seduti in un ristorante italiano. Leggete il menu e fate dei mini dialoghi: che cosa prendete per antipasto, per primo, secondo ecc. e che cosa prendete da bere.

E da bere che cosa prendiamo?

Si dice così

Introdurre una frase

> Allora, ...
> Dunque, ...

Essere d'accordo

> Va bene.
> Benissimo!

Esprimere indecisione

> Mah (veramente), non so ...

Esprimere sorpresa/stupore

> Accidenti!

Esprimere dispiacere/rammarico

> Mi dispiace.

Dare qualcosa a qualcuno

> Ecco lo scontrino.
> Ecco il resto.

Chiedere qualcosa gentilmente

> Un tavolo per due, per favore ...

Ordinare qualcosa

> Prendo un cappuccino.
> Vorrei un caffè.
> Per me una pizzetta.
> Di primo prendo ...
> Di secondo vorrei ...
> E da bere ...

Chiedere un'opinione su qualcosa

> Com'è il caffè?

Esprimere un giudizio

> Il caffè è un po' freddo.
> La pasta è troppo dolce.
> La pizzetta è proprio buona.

Chiedere il prezzo

> Quant'è?

Grammatica

1. Verbo *avere* e verbi in *-ere* → 18, 19, 31

note

	prendere	bere	avere
io	prendo	bevo	ho
tu	prendi	bevi	hai
lui, lei, Lei	prende	beve	ha
noi	prendiamo	beviamo	abbiamo
voi	prendete	bevete	avete
loro	prendono	bevono	hanno

2. Articolo indeterminativo → 5

maschile	*femminile*
un aperitivo	**una** pizza
uno spumante	**un'**aranciata

3. Articolo determinativo: forme al plurale → 5

maschile	*femminile*
i cannelloni	**le** lasagne
gli antipasti	
gli studenti	

4. Sostantivi: desinenze al plurale → 4

singolare	*plurale*
un panino	due panin**i**
un'aranciata	tre aranciat**e**
un ristorante	due ristorant**i**
un caffè	quattro caffè
un bar	due ba**r**

5. Aggettivi: concordanza con il sostantivo → 12

Vorrei un tè fredd**o**.
Il tè è fredd**o**.
Vorrei una pizzetta cald**a**.
Questa pizzetta non è cald**a**.

6. Gli interrogativi → 17

Che cosa prendi?
Com'è la pizzetta?
Dove abitate?
Di dov'è signora?
Quando arrivate?
Come mai vai a Senigallia?

Tu che cosa fai?

Guardate la pubblicità.
Quali professioni sogna il bambino?

Da grande farò...

il domatore, e...
l'ingegnere, il pilota
e... Batman

Jobspot.com
Il lavoro per te

Conoscete, in italiano,
altri mestieri o professioni?

A Faccio il tassista.

1 Lavorate in coppia.
Guardate le immagini e dite come si chiamano nella vostra lingua queste professioni.

l'insegnante

la commessa
il commesso

il/la tassista

l'operaio specializzato
l'operaia specializzata

l'infermiera
l'infermiere

l'impiegato
l'impiegata

il medico

la casalinga
il casalingo

il programmatore
la programmatrice

2 Lavorate in gruppi.
Ora, a piccoli gruppi, scrivete le professioni corrispondenti a questi luoghi di lavoro.

*il medico
l'infermiera/ere*

ospedale

*l'impiegata/o
il programmatrice/ore*

ufficio

l'operaia/o

fabbrica

3 🎧 Ascoltate.
Ascoltate le presentazioni di alcune persone che frequentano un corso di studi all'Università Popolare di Roma e dite quali professioni svolgono.

4 🎧 **Riascoltate e sottolineate.**

Ascoltate nuovamente le presentazioni e sottolineate le espressioni che queste persone usano per dire che cosa fanno.

«Mi chiamo Giovanna. Sono infermiera e abito a Frascati.»

«Ciao, io sono Angela. Sono di Viterbo e studio economia qui a Roma.»

«Salve, sono Luciana, sono insegnante e vivo a Ostia.»

«Io mi chiamo Michele, ho 27 anni, sono di Latina e faccio il tassista.»

«Io sono Rosa, ho 62 anni e sono pensionata.»

«Mi chiamo Alessandra, sono impiegata e lavoro in una ditta di import-export a Pomezia.»

Come diciamo la nostra età in italiano?

5 **Completate.**

Inserite la forma verbale che manca.

fare	
io	*faccio*
tu	fai
lui, lei, Lei	fa
noi	facciamo
voi	fate
loro	fanno

Tu che cosa fai?	Lei che lavoro fa?
Faccio il tassista.	
Sono medico.	
Sono pensionato.	
Studio medicina.	
Adesso non lavoro, sto a casa.	

6 **Cercate un collega.**

Cercate di capire se qualcuno dei compagni di classe lavora nel vostro stesso settore. Fate un giro per l'aula e chiedete ai vostri compagni che lavoro fanno. Se ancora non conoscete il termine in italiano per indicare la vostra professione, cercate di spiegarlo con l'aiuto delle espressioni qui di seguito oppure con l'aiuto dell'insegnante.
Lavoro...

... in un negozio di scarpe

... in uno studio medico

... in fabbrica

... in una ditta di computer

... in un'agenzia di viaggi

... in ospedale

... in un albergo

... in banca

... a scuola

Es. 1–4
pp. 122–123

B   Com'è il nuovo lavoro?

1   🎧 **Ascoltate.**

Ascoltate il dialogo e cercate di capire se
Paola è contenta del suo nuovo lavoro.

- ● Ciao, Mariella!
- ○ Ciao, Paola! Ma non lavori oggi?
- ● Sì, ma oggi è lunedì, la mattina il
  negozio è chiuso.
- ○ Ah, già, è vero... E allora, com'è il
  nuovo lavoro?
- ● Guarda, sono proprio contenta, mi piace
  molto... anche con le colleghe vado
  d'accordo, sono giovani, simpatiche.
- ○ Ah, bene!
- ● Ho solo un problema: gli orari poco
  flessibili. La sera torno a casa tardi e
  lavoro anche il sabato pomeriggio...

- ○ Insomma è un lavoro impegnativo...
- ● Eh sì, è impegnativo, a volte anche
  stressante, però almeno è vario. E tu?
  Novità?
- ○ Purtroppo no. Ma domani ho un collo-
  quio alla Moggi e... speriamo bene!
- ● Beh, allora in bocca al lupo!

2   **Completate.**

Di quali parti del giorno
parlano Paola e Mariella?
Inserite le parole negli
spazi a destra.

la _...mattina..._   a mezzogiorno   il pomeriggio   _la sera_   la notte

3   **Mettete una crocetta.**

Indicate con una crocetta gli aggettivi usati da Paola per descrivere il suo lavoro.

☐ interessante   ☒ impegnativo *g energy/time*   ☐ faticoso   ☒ stressante

☐ creativo   ☐ noioso *consume*   ☒ vario   ☐ comodo

4   **Lavorate in coppia.**

A coppie dite com'è, secondo voi, il lavoro della casalinga, dell'insegnante e del tassista.

> ESEMPIO ▷ Secondo me, le casalinghe fanno un lavoro...

5   **Completate.**

Leggete ancora una volta il dialogo tra Paola e Mariella e completate le frasi con le
desinenze degli aggettivi.

Gli orari	sono comodi.
	sono poco _____ .
Le colleghe	sono _____ .
	sono _____ .

comodo → comod**i**
flessibile → flessibil**i**
simpatica → simpatic**he**
giovane → giovan**i**

Osservate ora le desinenze degli aggettivi al plurale. Che cosa notate?

6 **Fate conversazione.**
Raccontate al vostro compagno di banco
qualcosa sul vostro lavoro.

Es. 5–8
pp. 123–125

> Il mio lavoro è...
> L'ufficio...
> I colleghi / le colleghe...
> Gli orari...
> L'atmosfera...

Ascolto

1 **Ascoltate.**
Ascoltate il dialogo e dite se Fulvia e Alida sono contente del loro lavoro.

2 **Ascoltate e mettete una crocetta.**
Ascoltate nuovamente il dialogo e indicate con una crocetta l'aggettivo che Fulvia usa per descrivere la sua professione.

☐ impegnativo ☐ interessante ☐ crcativo

3 **Ascoltate e scegliete.**
Ascoltate ancora una volta il dialogo tra Fulvia e Alida e scegliete le affermazioni giuste.

> *Fulvia* lavora in un ristorante.
> lavora in una scuola.
> lavora per un tour operator.
>
> *Alida* lavora con i bambini.
> lavora con persone giovani.
> lavora con i pensionati.

4 **Completate.**
Completate le frasi.

Fulvia lavora in ....
Alida lavora in ....

C **Cucino, pulisco, stiro. E sono contento.**

1 **Leggete.**
Leggete il testo.

Cucino, pulisco, stiro. E sono contento.

■ FIORENZO BRESCIANI, 49 anni, casalingo ed ex-imprenditore, membro del «Movimento uomini casalinghi», racconta.

«Sono casalingo e la mia vita gira intorno alla casa... e a mia moglie. Lei è medico e il suo lavoro è molto stressante. Ma anch'io ho tanto da fare. Ecco la mia giornata: la mattina preparo la colazione, faccio il letto, metto in ordine, pulisco, stiro – ma stirare non è il mio forte – e vado a fare la spesa. Il pomeriggio lavoro nello studio di mia moglie, poi torno a casa e preparo da mangiare, così quando lei finisce di lavorare la cena è già pronta... ormai sono un cuoco perfetto! »

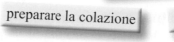

2 Lavorate in coppia.

A coppie, abbinate le azioni ai disegni
e dite che cosa fa Fiorenzo nell'arco
di una giornata.

mettere in ordine

preparare la colazione   fare il letto

fare la spesa   stirare   cucinare

....

....

....

....

3 Raccontate.

Raccontate quali delle attività descritte
sopra fate anche voi e con quale frequenza.

ESEMPIO   Io cucino raramente,
ma faccio spesso la spesa.

4 Completate.

Leggete di nuovo il ritaglio di giornale e completate con le parole mancanti.

finire	
io	finisco
tu	finisci
lui, lei, Lei	....
noi	finiamo
voi	finite
loro	finiscono

.... vita gira intorno alla casa e a

.... moglie.

.... lavoro è molto stressante.

Che cosa notate nell'uso degli aggettivi
possessivi?

5 Completate.

Mariangela Bresciani, la moglie di Fiorenzo, racconta. Completate il testo con gli aggettivi
possessivi e gli articoli determinativi.

« Io sono medico. .... lavoro mi piace molto, anche se è piuttosto faticoso e .... giornata tra ospedale e studio è molto stressante. Per fortuna però in casa fa tutto .... marito. Be' insomma, tutto proprio no... stirare veramente non è .... forte, però cucina benissimo! »

6 Fate un'inchiesta.

Fate le seguenti domande al
vostro compagno di banco.
Scrivete le risposte su un foglio
e raccontate alla classe i risultati
della vostra inchiesta.

Che cosa fai
la mattina / a mezzogiorno /
il pomeriggio?

Quali lavori di casa
fai volontieri?

Com'è la tua
giornata?

Es. 9–13
pp. 125–126

D Mi dispiace, ma non posso...

1 🎧 Ascoltate.

Di quali giorni della settimana parlano Cristina e Andrea?

- ● Andrea, scusa, martedì puoi andare tu a prendere Rebecca a scuola?
- ○ Perché?
- ● Perché ho un appuntamento dal dentista.
- ○ Ehm, allora devo finire di lavorare prima.
- ● Eh, sì. Mi dispiace, ma io non posso proprio.
- ○ Va bene. E giovedì?
- ● Come giovedì? Giovedì ci vado io, come al solito.
- ○ Ma non devi lavorare il pomeriggio?
- ● Ma no, la settimana prossima ho sempre il turno di mattina. *the rota*

- ○ Anche domenica? *(luckily)*
- ● No, domenica, per fortuna, sto a casa.
- ○ Allora possiamo andare a trovare mia madre!
- ● Ma come?
- ○ Dai, Cristina, non cominciamo di nuovo...
- ● E va bene.

2 Completate.

Completate la tabella con i giorni della settimana e confrontate il vostro risultato con l'agenda a pagina 23.

lunedì	*martedì*	mercoledì	*giovedì*	venerdì	sabato	*domenica*

3 Completate e confrontate.

Leggete di nuovo il dialogo tra Cristina e Andrea e scrivete cosa fa Cristina durante la settimana. Confrontate le vostre risposte con quelle del vostro compagno di banco.

Martedì *ha un appuntamento dal dentista.*
Giovedì *va al solito, a scuola* .
Domenica, per fortuna, *sto a casa* .

4 Completate.

Completate con il verbo *potere* e *dovere*.

	potere	dovere
io	*posso*	*devo*
tu	*puoi*	*devi*
lui, lei, Lei	può	deve
noi	*potete*	dobbiamo
voi	potete	dovete
loro	possono	devono

Perché non puoi andare a prendere Rebecca?	
Perché	devo andare dal dentista.
	lavoro di pomeriggio.

5 Lavorate in gruppi.

A piccoli gruppi formulate quattro domande, come nell'esempio, sul dialogo tra Cristina e Andrea e fate rispondere un altro gruppo.

ESEMPIO Perché martedì Andrea deve finire di lavorare prima?

6 Dite perché.

Il/la vostro/a insegnante vi chiede, per la prossima settimana, di poter fare la lezione martedì pomeriggio (invece di lunedì). Purtroppo a voi questo giorno non sta bene. Dite perchè, come nell'esempio, con l'aiuto delle espressioni date sotto.

finire   andare a trovare   *hint* mia madre/mio padre   dal dentista/dal medico

go + collect andare a prendere   andare   il pomeriggio   i bambini a scuola

lavorare   avere   un appuntamento   un lavoro

ESEMPIO Martedì pomeriggio non posso perché devo finire un lavoro.

7 Lavorate in gruppi.

Lavorate in tre. Immaginate di abitare insieme in un appartamento e che dovete dividere fra voi i lavori di casa. Preparate un lista di tutte le cose che bisogna fare e decidete chi le deve fare.

fare la spesa
pulire il bagno
stirare
preparare la cena
....
....
....

Es. 14–17
pp. 126–127

E Un po' di fonetica

1 Ascoltate e completate.

Ascoltate e completate le seguenti parole con una o due consonanti.

fa.....rica	co.....esso	pen.....ionato	ta.....ista	u.....icio
fle.....ibile	nego.....io	sa.....ato	co.....ega	o.....i
a.....ocato	ma.....ina	a.....enzia	me.....ogiorno	po.....eriggio
co.....oquio	intere.....ante	di.....a	archi.....etto	stre.....ante

Ricapitoliamo!

Lavorate con un compagno. Guardate le fotografie di
queste quattro persone e immaginate di essere una di loro.
Raccontate alcune cose sulla vostra vita e rispondete alle
domande che il vostro compagno vi fa per
saperne di più.

Si dice così

Dire la propria età

> Ho 27 anni.

Rivolgersi a qualcuno in modo deciso

> Andrea, scusa...
> Dai, Cristina...
> No, guarda...

Esprimere fiducia

> Speriamo bene.

Esprimere sollievo

> Domenica, per fortuna, non lavoro.

Chiedere il perché / motivare qualcosa

> Perché   oggi non lavori?   Perché il negozio è chiuso.
> Come mai

Dire che una cosa piace

> Il mio lavoro mi piace molto.

Esprimere soddisfazione

> Sono proprio contento.

Esprimere dispiacere / rammarico

> Mi dispiace, ma io non posso proprio.

Dire la propria professione

> Sono infermiere.
> Faccio il tassista.
> Studio economia.

1. Sostantivi: nomi di professioni → 3

note

maschile	femminile
l'impiegato	l'impiegata
l'infermiere	l'infermiera
il programmatore	la programmatrice
	il/la tassista
	l'insegnante
	il medico

2. Il verbo *fare* e i verbi in *-ire* come *finire* → 18, 31

	finire	fare
io	finisco	faccio
tu	finisci	fai
lui, lei, Lei	finisce	fa
noi	finiamo	facciamo
voi	finite	fate
loro	finiscono	fanno

3. I verbi modali *potere* e *dovere* → 22

	potere	dovere
io	posso	devo
tu	puoi	devi
lui, lei, Lei	può	deve
noi	possiamo	dobbiamo
voi	potete	dovete
loro	possono	devono

4. Aggettivi possessivi: forme al singolare → 10

maschile	femminile
il mio lavoro	la mia giornata
il tuo lavoro	la tua giornata
il suo/il Suo lavoro	la sua/la Sua giornata
But: mio marito	mia moglie

5. Aggettivi: desinenze al plurale → 11, 12

chiuso ⇔ chiusi	I negozi sono chiusi.
chiusa ⇔ chiuse	Le banche sono chiuse.
flessibile ⇔ flessibili	
Attention:	simpatico ⇔ simpatici
	simpatica ⇔ simpatiche

A Ancora vocaboli

1 Parole illustrate

Cari/e studenti/studentesse,
come va il lavoro d'archivio delle parole nuove? Vi piace?
Sapete che questo esercizio può essere più efficace e divertente se mettete accanto ad alcune parolc un'illustrazione? Nella lista potete inserire piccoli disegni, mentre sulle schede c'è spazio anche per piccole fotografie che potete trovare sui giornali.

scarpe

Lavoro in un negozio di scarpe.

i calamari (*pl.*) ....
alla siciliana ....

il coniglio ....
in umido ....

2 Le cose di tutti i giorni

Sicuramente conoscete già il nome in italiano di molti oggetti che avete in casa. Per imparare il nome di altri oggetti o per ricordare più facilmente quelli che già conoscete, provate ad attaccare su alcuni oggetti dei "post-it" con il nome in italiano. Così, più spesso vedete parole come 'tavolo' o 'bicchiere' più facilmente le ricordate.
Se avete un calendario scrivete i nomi della settimana in italiano!

3 Rime e ritmi

Anche le rime o il ritmo possono aiutare a ricordare meglio il lessico. Non ricordate se bisogna dire *cena* o *pranzo*? Forse potete associare *cena* con *sera*.
Appuntamento sembra una parola troppo lunga e difficile da ricordare? Potete dirlo in modo ritmico e cercare una rima, per esempio: *Ho un appuntamento con Leo in piazza Trento.*

4 Provate un po'!

Adesso, fate un ripasso del vocabolario delle ultime due unità (4 e 5). Sicuramente ci sono parole che non potete per niente ricordare perché sembrano molto difficili. Scrivete tre di queste parole e provate a seguire i consigli di sopra.

B Impariamo ad ascoltare!

Dall'inizio del corso sono molti i dialoghi ascoltati; alcuni presenti nel libro, altri no. Per la comprensione di un testo, di una conversazione, capire ogni parola non è tanto importante quanto, al contrario:

- immaginare la situazione;
- capire il contesto;
- capire quante più informazioni possibili dal tono della voce;
- concentrarsi su un'informazione particolare.

1 C'è tono e tono!

Ascoltate, ora, questi quattro brevi dialoghi e dalla voce dei parlanti cercate di capire la situazione.

☐ Qualcuno si lamenta.   ☐ Qualcuno racconta un episodio divertente.

☐ Qualcuno chiede un'informazione.   ☐ Qualcuno è arrabbiato.

2 Gesti, mimica e altri fattori

Non è soltanto il tono della voce che rende più facile la comprensione di una conversazione. Ci sono anche altri aiuti. I rumori di sottofondo, per esempio, che a volte sembrano un disturbo, spesso offrono delle utili indicazioni per capire la situazione.

Indicate con una X, nella tabella in basso, le informazioni che secondo voi sono un aiuto nelle seguenti situazioni.

	Nei testi di ascolto	Nella conversazione personale	Al telefono	Quando si ascolta la radio	Negli annunci, per esempio, radiofonici o televisivi
il tono della voce					
i gesti e la mimica					
i rumori di sottofondo					
le parole chiave					
conoscere il tipo di testo					
conoscere la situazione					

3 Ed ora attenzione!

Ascoltate un testo sconosciuto; quali delle indicazioni di sopra sono un aiuto per voi?

C Ma quante domande!

1 Domandate e rispondete.

Le regole del gioco
sono a pag. 196

Lavoro

Casa

Ristorante

	lunedì	martedì	mercoledì	giovedì	venerdì	sabato	domenica
dentista							
	avvocato						
Impegni			cinema		trattoria romana		

Bar

Quando ...?

Che cosa ...?

Come ...?

...?

Perché ...?

Che ...?

Come mai ...?

Due caffè, per favore!

• Una frase, questa, che nei bar italiani ascoltiamo continuamente. E quando un italiano ordina un *caffè* senza dire nient'altro significa che vuole un *espresso*.

L'espresso può essere *macchiato*, con un po' di latte; *corretto*, con un po' di cognac o di grappa; *lungo*, più caffè ma meno forte; *ristretto*, meno caffè ma più forte.

Gli italiani bevono il *cappuccino* soprattutto la mattina, ma non dopo un pasto. Normalmente, a casa fanno una colazione leggera, non pesante. Gli adulti prendono una tazzina di caffè espresso, fatto con la *moka*, o un *caffellatte* o uno *yogurt*. I bambini, invece, una tazza di latte dove mettono *biscotti* o *cereali* (cornflakes).

• Il tipico cliente del bar beve il caffè in piedi. Bere o mangiare al tavolo costa di più perché bisogna pagare anche il *servizio*. Quando un italiano entra in un bar italiano passa quasi sempre prima dalla *cassa*, per pagare, e poi, con lo *scontrino*, va al *banco* dove fa l'ordinazione e dove, magari, parla un po' con il *barista*. Tutto ciò dura soltanto pochi minuti, ma più volte al giorno: per una *pasta* o un *tramezzino* prima del lavoro o nell'intervallo; per un *aperitivo* prima di mangiare o dopo il lavoro; per un caffè dopo il pasto. Quando una compagnia va al bar, di solito, qualcuno dice: «*Offro io!*» e quindi paga per tutti.

Nelle città italiane, soprattutto in centro, troviamo un bar quasi ad ogni angolo di strada. Nei piccoli paesi il bar è un punto d'incontro molto importante per tutti: lì è possibile giocare a carte, chiacchierare e guardare le partite di calcio in TV.

Andiamo a mangiare!

• In Italia, chi vuole mangiare fuori può scegliere di andare in *pizzeria* dove, spesso, oltre alla *pizza* è possibile ordinare anche un piatto di *pasta*; in *trattoria*, dove troviamo una scelta limitata ma ottima di piatti regionali; al *ristorante* che offre certamente un menu più ricco. Quando amici o conoscenti vanno a mangiare fuori, il conto si paga *"alla romana"*, cioè ognuno paga la sua parte, oppure una persona offre a tutti.

Sul conto c'è il *coperto*, fisso per ogni cliente, che comprende anche il pane servito a tavola durante il pranzo.

I clienti, per legge, devono prendere la ricevuta.

Lavoro e famiglia

• Anche in Italia, come in tanti Paesi, c'è la necessità di combinare lavoro e famiglia. Il problema più grande è per le tante donne che lavorano oggi, perché il lavoro part-time, a mezza giornata, è poco diffuso. Molte, però, sono le possibilità per la famiglia di lasciare i figli durante l'orario di lavoro. Ai nonni, poi, piace sempre molto stare con i nipoti.

• Naturalmente, sono sempre di più gli uomini che hanno la responsabilità della casa e dell'educazione dei figli se la moglie lavora.

7 C'è una banca qui vicino?

Osservate e scrivete.
Guardate le fotografie e abbinate le parole date alle immagini.

edicola

cinema

fermata dell'autobus

supermercato

ufficio postale

Riconoscete qualcos'altro nelle foto?

A Dove vai così di corsa?

1  **Ascoltate.**

Ascoltate il dialogo tra Franco e Beatrice; di quali negozi, uffici ecc. parlano?

- Beatrice! Bea!
- ○ Ehi, ciao, Franco!
- Ma dove vai così di corsa?
- ○ Eh, guarda, tra poco arriva mia sorella e io devo ancora fare la spesa, andare all'ufficio postale e passare anche dal fioraio. Ma tu, che fai da queste parti?
- Faccio un salto al Centro TIM, ho un problema al cellulare ... ah, senti, sai per caso se c'è un bancomat qui vicino?
- ○ Mah, veramente qui nel quartiere non ci sono banche ... però aspetta, in piazza Tasso c'è la Banca Commerciale.
- Ah già, è vero!
- ○ Scusa, ma adesso devo proprio scappare, eh ... Ciao e saluti a Nicoletta!
- Ciao.

2 Rispondete e confrontate.

Indicate con una crocetta solo le affermazioni presenti nel dialogo. Dopo, confrontate le vostre risposte con quelle del/della vostro/a compagno/a di banco.

☐ Beatrice va dalla sorella.   ☐ Franco va al Centro Tim.

☐ Il cellulare di Franco non funziona bene.   ☐ In piazza Tasso non ci sono banche.

3 Completate e osservate.

Inserite le preposizioni mancanti.

Devo andare	.... Centro TIM.
	.... ufficio postale.
	dall'avvocato.
	.... fioraio.

Le preposizioni (*a*, *da*, *in*) seguite dall'articolo determinativo formano un'unica parola, come nell'esempio.

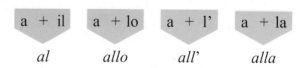

a + il	a + lo	a + l'	a + la
al	*allo*	*all'*	*alla*

Ora, provate voi a scrivere le forme della preposizione *da* seguita dagli articoli determinativi.

4 Lavorate in coppia.

A coppie, dite cosa dovete fare la prossima settimana. Se volete, potete usare gli esempi dati qui di seguito.

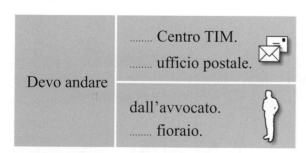

andare

in palestra

in banca

dal parrucchiere

al cinema

al corso di yoga

5 Completate.
Completate le frasi.

C'è una banca qui vicino?	Ci sono alberghi in questo quartiere?
No, nel quartiere non .... banche.	Sì, ... l'Hotel Venezia.

6 Lavorate in coppia.
Avete una buona memoria? Insieme con il/la vostro/a compagno/a di banco cercate di ricordare che cosa c'è nelle fotografie di pagina 56.

Es. 1–6
pp. 128–129

ESEMPIO   Dunque, ci sono due ..., c'è ...

B Dov'è la fermata dell'autobus?

1 Ascoltate e osservate.
Ascoltate mentre guardate i disegni.

> Scusi, dov'è la fermata dell'autobus?

 È di fronte all'Hotel Puccini.

 È davanti alla stazione.

 È accanto al duomo.

2 Lavorate in coppia.
Ognuno di voi (studente *A* - colore giallo e studente *B* - colore rosa) deve inserire a caso le sue parole accanto ad ogni edificio, giallo o rosa. Dopo, con delle domande, dovete cercare di capire dove sono gli edifici del vostro compagno. Le risposte possono essere solo sì o no.

A
Centro Tim
Banca
Posta
Cinema

B
Farmacia
Ristorante
Supermercato
Albergo

3 **Fate conversazione.**

Chiedete al vostro compagno se vicino al luogo dove fate lezione d'italiano
c'è un ristorante, se ci sono negozi ecc. e di che genere.

> ESEMPIO • C'è un ristorante italiano qui vicino?
> ○ Sì, accanto alla banca.

↓
Es. 7–9
pp. 129–130

C Ma che ore sono?

1 🎧 **Guardate e ascoltate.**

Ascoltate l'ora e osservate gli orologi di sotto.

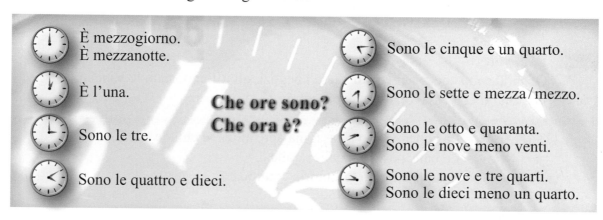

È mezzogiorno.
È mezzanotte.

È l'una.

Sono le tre.

Sono le quattro e dieci.

Che ore sono?
Che ora è?

Sono le cinque e un quarto.

Sono le sette e mezza / mezzo.

Sono le otto e quaranta.
Sono le nove meno venti.

Sono le nove e tre quarti.
Sono le dieci meno un quarto.

E adesso, che ore sono?

2 🎧 **Ascoltate.**

Ascoltate il dialogo tra le due amiche.

• Oddio, la farmacia è già chiusa!
  Ma che ore sono?
○ Eh, è l'una e mezza.
• E come faccio adesso?
○ Non puoi tornare oggi pomeriggio?
  Alle quattro apre di nuovo.
• No, no, le medicine per mia madre sono
  urgenti.
○ E allora perché non vai ai Gigli?
  Lì i negozi fanno l'orario continuato.
  Figurati, sono aperti dalle nove di matti-
  na alle dieci di sera.
• Anche la farmacia?

I GIGLI orario continuato

lunedì 14–22
gli altri giorni 9–22
aperto la prima domenica di ogni mese

3 Completate.

Inserite la forma verbale mancante e completate le frasi.

aprire		A che ora apre il centro commerciale?	A che ora chiude?
io	apro	Apre .... nove.	Chiude .... dieci.
tu	apri		
lui, lei, Lei	....	**Quando è aperto il centro commerciale?**	
noi	apriamo	Il centro commerciale è aperto .... nove .... ventidue.	
voi	aprite		
loro	aprono		

4 E da voi?

Quando sono aperti nel vostro paese i negozi, gli uffici postali, le banche,
i ristoranti ecc.? Lavorate a piccoli gruppi.

> ESEMPIO — La banca vicino a casa mia apre alle ... e chiude alle ...
> La banca è aperta dalle ... alle ...
> Il supermercato fa l'orario continuato.

5 Osservate e discutete.

Osservate i seguenti cartelli. Sono diversi gli orari di
apertura e di chiusura da quelli a cui siete abituati?

BANCA COMMERCIALE ITALIANA
VENEZIA RIALTO
ORARIO DI SPORTELLO
MATTINO   8.35 - 13.35
POMERIGGIO   14.45 - 16.15
(ESCLUSI I SERVIZI DI CASSA CAMBIALI
E DI INCASSO BOLLETTE DI UTENZA)
SEMIFESTIVI   8.35 - 12.05

Oggi è di turno questa Farmacia
Orario 9 - 13 e 16 - 20
Nelle ore di chiusura della Farmacia e per le SOLE RICETTE URGENTI rivolgersi: all'abitazione del Dottor
PIETRO CERRI
Piazza Boscaglia, 1
Tel. 0588 85085

Chiesa S. Maria Antica	apertura	chiusura
Mattino	7.30	12.30
Pomeriggio	15.30	19.00

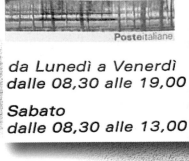

Posteitaliane
da Lunedì a Venerdì
dalle 08,30 alle 19,00

Sabato
dalle 08,30 alle 13,00

6 Ascoltate.

Ascoltate e inserite i numeri da 1 a 6 in base all'ora riportata sugli orologi.

a) ▢ 🕐   b) ▢ 🕐   c) ▢ 🕐   d) ▢ 🕐   e) ▢ 🕐   f) ▢ 🕐

7 Lavorate in coppia.

A coppie, fate dei mini dialoghi e dite a che ora, di solito, fate colazione, andate al lavoro,
fate la spesa, tornate a casa, cenate ...

Es. 10–12
pp. 130–131

Lettura

1 Lavorate in gruppi.

In gruppi di tre, dite come immaginate le piazze italiane.

2 Leggete.

Leggete l'articolo.

Lucca: piazza dell'Anfiteatro

UN «VUOTO» DI ARMONIA

Dagli anni Trenta dell'800 questa piazza-gioiello incanta i visitatori.
Un salotto ovale sui resti dell'antico anfiteatro romano

Piazza dell'Anfiteatro a Lucca, progettata dall'architetto Lorenzo Nottolini nel 1839 sui resti dell'antico anfiteatro romano, è un posto incredibile e di grande fascino, set naturale per il cinema e la televisione, per la pubblicità e la musica.

Un teatro all'aperto, un salotto cittadino, nascosto tra le case. Già, perché tu cammini per le vie strette del centro, tra i negozi di via Fillungo e le antichità di via del Battistero, poi passi sotto un arco, e ... sorpresa! Volti pagina. Silenzio. Niente auto. Un cerchio, anzi un ovale di ventidue edifici con negozi, botteghe, bar e ristoranti, che tan-

ti chiamano ancora piazza del Mercato, anche se il mercato dal 1972 non c'è più. E al centro il «vuoto» della piazza che in aprile per la festa di Santa Zita ospita la mostra mercato dei fiori e in luglio i concerti del Summer Festival. Chi lavora nella piazza protesta perché vorrebbe i fiori più spesso e magari anche la fiera dell'antiquariato. Gli abitanti invece si lamentano perché i concerti d'estate fanno troppo rumore e le sedie di plastica dei bar sono brutte. Ma quando la piazza si anima di turisti, il «salotto» sorride.

adattato da: Bell'Italia, n.189

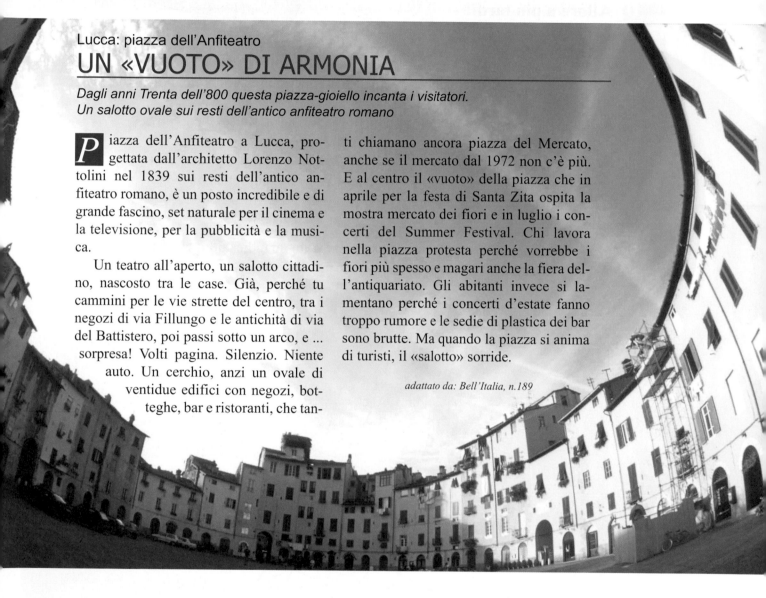

3 Cercate le parole.

Cercate nel testo le parole da inserire nelle colonne in basso e, dopo, confrontatele con quelle dei compagni.

edifici / locali	feste / manifestazioni
....	....
....	....
....	....
....	

4 **Lavorate in coppia.**
A coppie parlate delle informazioni che
riuscite a ricordare dell'articolo su Piazza
dell'Anfiteatro a Lucca

PIAZZA
ANFITEATRO

D Allora a più tardi!

1 🎧 **Ascoltate.**
Marco spiega a Luisa come raggiungere la strada per la trattoria *La Tavernaccia*. Ascoltate
l'intero dialogo e cercate di capire quali sono i punti di riferimento indicati da Marco.

● Beh, allora a più tardi ... ci vediamo in trattoria. Tu, Luisa, vieni, no?

○ Sì, però aspetta, Marco. Io come faccio? Non so dov'è.

● Ah ... beh, guarda, quando esci di qui giri subito a sinistra, vai avanti
fino ... no, aspetta, è un po' complicato. Ti faccio uno schizzo ...

2 🎧 **Ascoltate e guardate lo schizzo.**
Osservando lo schizzo ascoltate, ancora una volta, le indicazioni che Marco dà a Luisa.

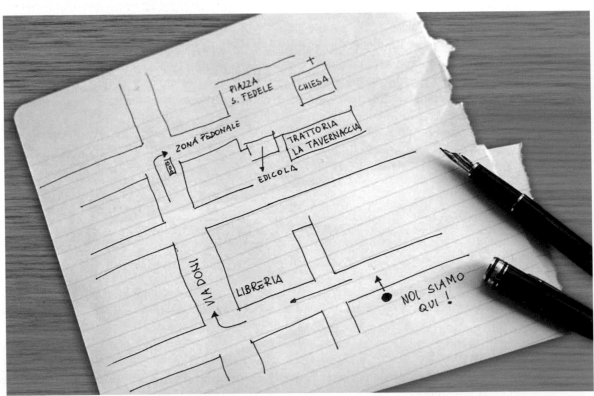

3 **Osservate il disegno e completate.**
Osservate attentamente lo schizzo e completate la descrizione.

Allora, guarda, esci di qui, giri a sinistra e vai avanti. Poi attraversi l'incrocio e continui
dritto fino alla .... Bene, poi giri a destra in .... e vai sempre avanti fino
al semaforo. Lì giri ancora a destra, dove comincia la .... Ecco, dopo 50 metri
circa arrivi in piazza .... e vedi subito la chiesa. E sulla destra, proprio accanto al-
l'..................., c'è la trattoria *La Tavernaccia*, non puoi sbagliare. È chiaro?

4 Prendete appunti.

Inserite i verbi adeguati negli spazi.

il ponte

1. .... *---la strada--*

la piazza

2. .... *a destra*

a sinistra

3. .... *fino all'incrocio*

fino al semaforo

5 Completate.

Inserite le forme verbali mancanti.

	sapere	venire	uscire
io	....	vengo	esco
tu	sai	....	....
lui, lei, Lei	sa	viene	esce
noi	sappiamo	veniamo	usciamo
voi	sapete	venite	uscite
loro	sanno	vengono	escono

Sai dov'è piazza San Fedele?

Dunque, tu esci di qui,
attraversi l'incrocio,
continui dritto fino a ...

Scusi, per piazza San Fedele?

Allora, Lei va avanti fino al semaforo,
attraversa l'incrocio e
gira a destra ...

6 Lavorate in coppia.

Lavorate in gruppi di due. L'uno dà le indicazioni necessarie all'altro per andare dal punto di partenza, indicato con un cerchietto rosso, ai vari locali numerati sulla cartina. Poi, scambiatevi i ruoli.

1 **L'Immagine** musica dal vivo

2 **Nuvolari** cocktail bar

3 **Ristorante Alfredo** a S. Pietro

4 **Il quadrifoglio** trattoria

Es. 13–18
pp. 131–133

 ## Ricapitoliamo!

Che cosa vi piace della vostra città? Descrivete una piazza, un angolo di strada o qualcos'altro che trovate bello o interessante. Discutete tra di voi.

Si dice così

Chiedere a una persona dove ha intenzione di andare o cosa ha intenzione di fare

Dove vai? Che fai da queste parti?	andare all'ufficio postale. Devo passare dal fioraio. fare la spesa. Faccio un salto al Centro TIM.

Informarsi su dove si trova qualcosa

Dov'è la Banca Commerciale?	accanto al cinema. È di fronte alla fermata. davanti al supermercato.

Chiedere se c'è qualcosa nelle vicinanze

C'è una banca qui vicino?	Sì, in via Larga c'è la Banca Commerciale. No, qui non ci sono banche.

Chiedere e dare informazioni per andare in un luogo

Scusi, per piazza San Fedele?	Dunque, Lei va dritto fino al semaforo ... gira a destra/a sinistra ... attraversa l'incrocio ... e arriva in piazza San Fedele.

Chiedere e dire che ore sono

Che ore sono? Che ora è?	Sono le undici. È l'una. È mezzogiorno/ mezzanotte.

Chiedere e dare informazioni sugli orari

A che ora Quando	apre la banca?	Apre alle otto.

1. Verbi in *-ire* e il verbo *sapere* → 18, 31

	aprire	uscire	venire	sapere
io	apro	esco	vengo	so
tu	apri	esci	vieni	sai
lui, lei, Lei	apre	esce	viene	sa
noi	apriamo	usciamo	veniamo	sappiamo
voi	aprite	uscite	venite	sapete
loro	aprono	escono	vengono	sanno

2. *C'è / ci sono* → 20

C'è un ristorante qui vicino?
In via Larga **ci sono** due banche.

Ma:
La Banca Commerciale **è** in piazza Tasso.
In piazza Tasso **c'è** la Banca Commerciale.

3. Preposizioni articolate (preposizione semplice + articolo determinativo) → 7

	il	l'	lo	la	i	gli	le
a	al	all'	allo	alla	ai	agli	alle
da	dal	dall'	dallo	dalla	dai	dagli	dalle
in	nel	nell'	nello	nella	nei	negli	nelle

4. Le preposizioni *a*, *da*, *in*: indicatori di luogo → 27

Devo andare **alla** posta.
Vado **dal** fioraio.

La banca è **in** via Larga/**in** piazza Tasso.
Ma: Qui **nel** quartiere non ci sono banche.

5. Indicatori di luogo con la preposizione *a* → 27

vicino al semaforo
accanto all'edicola
di fronte al cinema
davanti alla posta
fino all'incrocio
a destra/**a** sinistra

6. Come esprimere l'ora → 28, 30

Sono **le** tre e un quarto.
Vengo **all'**una e mezza.
Il museo è aperto **dalle** dieci **alle** sei.

note

C'è una banca qui vicino?

Che cosa hai fatto ieri?

Guardate le foto e abbinate.
Osservate le foto e scrivete in ogni quadratino il numero dell'attività corrispondente.

1 fare sport
2 ascoltare la musica
3 andare ai concerti
4 andare in bicicletta
5 guardare la TV
6 fare foto
7 leggere
8 invitare amici a casa
9 andare al cinema
10 andare a vedere una mostra
11 navigare in Internet

E voi, che cosa fate nel tempo libero? Raccontate.

A Ti piace la musica italiana?

1 Ascoltate.

Ascoltate la conversazione tra Bettina e la sua amica italiana.
Quali cantanti italiani sono nominati?

- Bettina, ti piace la musica italiana?
- Mah, dipende. Non mi piace la canzone melodica però mi piacciono molto i cantautori, Lucio Dalla, per esempio, o Paolo Conte ...
- E Eros Ramazzotti, Nek, che sono così famosi da noi, non ti piacciono?
- Mah ... no, non tanto. Tra i giovani preferisco Jovanotti.
- Io, invece, da quando vivo all'estero amo tutta la musica italiana. Mi piace addirittura ascoltare le canzoni del Festival di Sanremo!
- Sanremo? Ma scherzi?
- No, ti giuro! Guardo anche il Festival in televisione ...

E voi? Quali sono i vostri cantanti italiani preferiti?

2 Completate.

Completate con le forme del verbo *piacere*.

| Ti / Le .... | ascoltare la musica?
la musica italiana? | Sì, moltissimo.
Sì, abbastanza.
No, non tanto. |
| Ti / Le .... | i cantautori? | No, preferisco ... |

3 Lavorate in coppia.

A coppie, parlate dei vostri interessi, dei vostri hobby.

cinema francese
film d'azione
commedie

musica leggera
musica classica
canzoni popolari

biografie
gialli
romanzi

mostre di pittura
fotografia d'autore
mostre di antiquariato

Es. 1–3
p. 134

B Cosa hai fatto di bello?

1 🎧 **Ascoltate.**

Ascoltate come Raffaele e Claudio hanno passato la domenica.

- Allora, Claudio, cosa hai fatto di bello ieri?
- Mah, niente di speciale. Ho dormito fino a tardi, poi ho incontrato Giulia e abbiamo pranzato insieme da Salvini.
- E come avete mangiato?
- Benissimo! E poi abbiamo avuto l'idea di andare alla Mostra dell'Antiquariato ...
- Ah, bello!
- Sì, sì, Giulia ha anche comprato un vaso ... ma che prezzi! E tu, invece?
- Io ho passato il fine settimana in campagna. Una pace che non ti dico ...

2 **Sottolineate.**

Sottolineate, nel dialogo, le espressioni che fanno riferimento al passato.

3 **Completate.**

Completate le frasi con le forme mancanti del *passato prossimo*
e i verbi a destra con le desinenze del participio passato.

Che cosa hai fatto ieri?
.... fino a tardi, poi
.... Giulia e
.... l'idea di andare alla Mostra.

pranz**are** → ho pranz.......
avere → ho av.......
dorm**ire** → ho dorm.......
fare → ho fatto

4 **Completate.**

Completate con i verbi al *passato prossimo*.

Ieri Claudio .... fino a tardi, poi .... Giulia.
.... insieme e poi .... l'idea di andare alla Mostra
dell'Antiquariato. Lì Giulia .... un vaso di Limoges.

5 **Lavorate in coppia.**

A coppie, utilizzando queste espressioni, raccontate cosa avete fatto il fine settimana scorso.

Lo scorso fine settimana ...

fare una passeggiata · giocare a carte · guardare la televisione · cucinare · avere ospiti · lavorare in giardino · dormire fino a tardi · giocare a tennis · pulire la casa

Es. 4–6
p. 135

C È stata proprio una bella giornata.

1 **Leggete.**

Leggete le due e-mail.

Ciao Arianna!

Grazie ancora dell'invito. È stata proprio una bella domenica. Sono arrivato a casa un po' tardi per via del traffico e sono andato subito a letto. È proprio vero, sciare è faticoso! E tu che cosa hai fatto dopo? Hai letto finalmente il giallo di Camilleri? Ciao e buona settimana!

Stefano

- -

Altro che Camilleri!

È venuta Luciana, una mia ex compagna di scuola, e siamo andate insieme a mangiare una pizza. Figurati, sono tornata a casa alle due ... Comunque, stanchezza a parte, ho passato una bella serata! Alla prossima, ciao

Arianna

Perché Arianna non ha letto il giallo di Camilleri?

2 Scrivete.

Completate le frasi con i nomi di persona adeguati.

.... è andata da Arianna.   .... è andato subito a letto.

.... è tornata a casa alle due.   .... è andata in pizzeria con Luciana.

3 Osservate.

Leggete con attenzione le quattro frasi nel riquadro e osservate le desinenze dei participi passati. Cosa notate? Fate anche un confronto con il dialogo di pag. 68.

 Sono arrivato tardi.   Siamo andati al cinema.

 Sono tornata a casa alle due.   Siamo andate in pizzeria.

4 Completate.

Completate i messaggi della famiglia Piccolo con i verbi dati sotto.

> andata
> andati
> arrivate
> arrivato
> telefonato

Sono .... un attimo all'ufficio postale. Torno subito.

Rosanna

Antonio, ha .... il dottor Sacchi. È .... e aspetta una tua telefonata in albergo.

Rosanna

X Paolo!

Le tue amiche di Firenze sono .... stamattina.

Vengono qui oggi pomeriggio.

Ciao   papà

Siamo .... a giocare a tennis. Torniamo verso le otto.

Paolo e Carlo

5 Lavorate in gruppi e riferite.

Ieri Luca è andato a Venezia.
In piccoli gruppi osservate che
cosa c'è nel suo portafogli e cercate
di raccontare come ha passato la
giornata a Venezia.

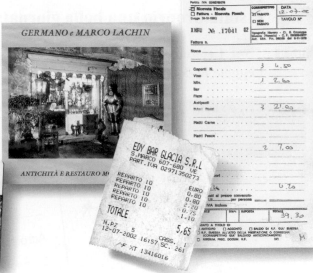

Es. 7–10
pp. 136–137

6 Scrivete e indovinate.

Scrivete su un foglio che cosa avete fatto il fine settimana scorso e datelo all'insegnante.
Lui/lei legge ad alta voce alcuni fogli. Potete capire chi è l'autore/autrice di ogni testo letto?

Lettura

1 Lavorate in gruppi.

In piccoli gruppi, scrivete e poi riferite alla classe quali sono, secondo voi,
le informazioni che deve contenere una breve biografia.

2 Leggete.

Ora, leggete questa breve biografia di Andrea Camilleri.

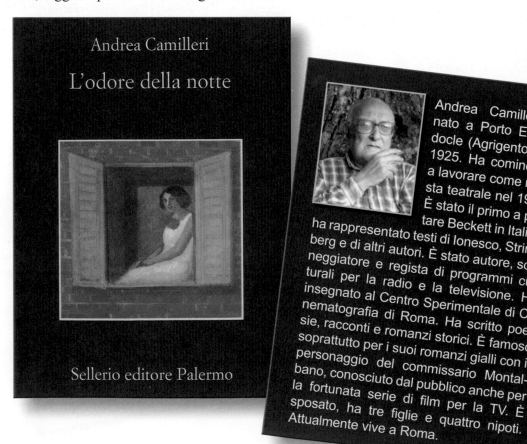

Andrea Camilleri

L'odore della notte

Sellerio editore Palermo

Andrea Camilleri è nato a Porto Empedocle (Agrigento) nel 1925. Ha cominciato a lavorare come regista teatrale nel 1942. È stato il primo a portare Beckett in Italia e ha rappresentato testi di Ionesco, Strindberg e di altri autori. È stato autore, sceneggiatore e regista di programmi culturali per la radio e la televisione. Ha insegnato al Centro Sperimentale di Cinematografia di Roma. Ha scritto poesie, racconti e romanzi storici. È famoso soprattutto per i suoi romanzi gialli con il personaggio del commissario Montalbano, conosciuto dal pubblico anche per la fortunata serie di film per la TV. È sposato, ha tre figlie e quattro nipoti. Attualmente vive a Roma.

3 **Lavorate in gruppi.**

Evidenziate i punti del testo in cui viene detto:

- dov'è nato Andrea Camilleri;
- quali professioni ha svolto;
- che cosa ha scritto;
- con quale personaggio dei suoi romanzi è diventato famoso.

4 **Cercate le parole.**

Cercate nel testo parole che hanno una certa somiglianza con altre nella vostra lingua.

....

....

....

....

D **Sono nato nel 1935.**

1 **Ascoltate.**

Ascoltate e mettete nel giusto ordine
le tappe della vita di Antonio Magrelli.

	ho lavorato tantissimo
1	sono nato a Napoli
	ho finito le scuole
	sono andato in pensione
	ho lasciato il posto alle Ferrovie
	ho vissuto sempre qui
	ho chiuso la mia attività
	ho subito trovato lavoro
	non ho avuto il tempo di farmi una famiglia
	ho aperto una piccola ditta

2 **Raccontate.**

Con l'aiuto delle espressioni date sotto raccontate alcune tappe importanti della vostra vita.

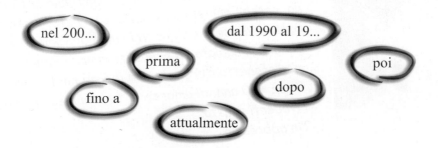

nel 200...

dal 1990 al 19...

prima

poi

fino a

dopo

attualmente

Es. 11–12
p. 137

E Una festa in famiglia

1 Guardate e completate le frasi.
A coppie, osservate l'albero genealogico e completate le frasi con i nomi di parentela dati.

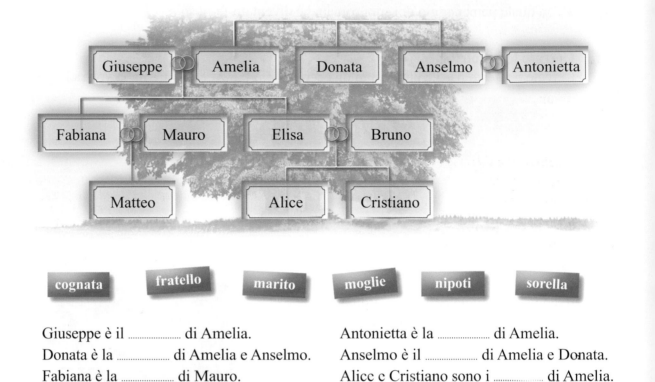

| cognata | fratello | marito | moglie | nipoti | sorella |

Giuseppe è il .... di Amelia.   Antonietta è la .... di Amelia.

Donata è la .... di Amelia e Anselmo.   Anselmo è il .... di Amelia e Donata.

Fabiana è la .... di Mauro.   Alice e Cristiano sono i .... di Amelia.

Alice è la figlia di Elisa e Bruno.   Giuseppe e Amelia sono i genitori di Fabiana.

2 Leggete.
Leggete la lettera; di quale festa parla Amelia?

☐ battesimo   ☐ matrimonio

☐ nozze d'oro   ☐ compleanno

Novara, 18 maggio ...

Cara Teresa,
è stata una festa meravigliosa. Sono venuti proprio tutti: le mie figlie con i mariti, tutti i miei nipoti e anche il ragazzo di mia nipote Alice. Pensa, sono venute perfino mia sorella e mia cognata Antonietta da Sassari (mio fratello purtroppo no, perché non sta ancora bene) e naturalmente anche i parenti di Giuseppe e i nostri amici di Torino. Le nostre figlie ci hanno regalato un fine settimana a Venezia e un bellissimo cofanetto d'argento con incisi i nostri nomi, le date e la frase «50 anni di amore». E tu stai meglio adesso? Spero di rivederti presto.
Un abbraccio

Amelia

Saluti anche da Giuseppe

3 Osservate.

Chi è venuto alla tua festa?
Sono venuti tutti: mio fratello, mia sorella, i miei nipoti, le mie figlie e i nostri amici.

Quando mettiamo l'articolo determinativo davanti agli aggettivi possessivi?

4 Lavorate in coppia.

In coppia, fate uno schizzo del vostro albero genealogico e descrivete la vostra famiglia.

5 Osservate la lettera.

Leggete ancora una volta la lettera a pagina 72 e le e-mail a pagina 69. Com'è possibile iniziare una lettera ad un amico/un'amica e com'è possibile chiuderla?

6 Scrivete.

Scrivete una lettera raccontando un evento che avete festeggiato con la vostra famiglia oppure con degli amici. Pensate anche alle feste qui di seguito.

Carnevale Natale Pasqua Capodanno

Es. 13–18
pp. 138–139

Ascolto

1 Ascoltate.

Ascoltate il dialogo tra Laura e Anna.
Di quale festa parlano?

2 Ascoltate e sottolineate.

Ascoltate ancora una volta la conversazione e sottolineate soltanto le parole, tra quelle date sotto, che figurano nel dialogo.

Laura:
Mantova ◆ Giotto ◆ parecchie persone
sera ◆ mattina ◆ dieci minuti
inquinamento ◆ Firenze ◆ Padova

Anna:
gita ◆ famiglia ◆ amici ◆ nipoti
cucinare ◆ cena ◆ vitello ◆ agnello
lasagne ◆ dolci ◆ insieme ◆ parlare

3 Ascoltate e mettete una crocetta.

Riascoltate il dialogo tra Laura e Anna e indicate le affermazioni corrette.

☐ Laura ha visto la Cappella degli Scrovegni.   ☐ Anna ha passato la Pasqua in famiglia.

☐ Laura non ha prenotato la visita.   ☐ Anna non cucina molto bene.

Ricapitoliamo!

Lavorate in due. Raccontate al/alla vostro/a compagno/a di banco, che può fare delle domande per saperne di più, una bella gita o una giornata particolare che avete passato recentemente con degli amici oppure con la vostra famiglia.

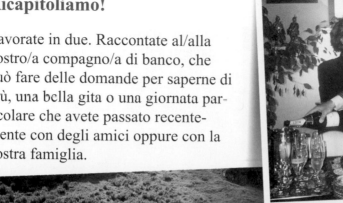

Si dice così

Chiedere a una persona che cosa le piace

Ti piace il cinema francese? Le piacciono le commedie?	Sì, moltissimo. Sì, abbastanza. No, non tanto. No, preferisco ...

Esprimere le proprie preferenze

Mi piace la canzone popolare.
Mi piace guardare il Festival in televisione.
Mi piacciono molto i cantautori.
Non mi piace Nek, preferisco Jovanotti.
Amo (tutta) la musica italiana.

Informarsi su ciò che hanno fatto altri

Che cosa hai fatto di bello ieri?
Hai letto il giallo di Camilleri?

Raccontare avvenimenti

Ho incontrato Giulia.
Abbiamo pranzato insieme.
Sono tornata a casa alle due.
Siamo andate a mangiare una pizza.

Parlare di se stessi

Sono nato a Roma nel 1970.
Ho finito gli studi nel 1992.
Ho subito trovato lavoro.

Come si può concludere una lettera/una e-mail

Alla prossima!
Ciao e buona settimana
Un abbraccio
Saluti (anche) da Giuseppe

Grammatica

1. Il verbo *piacere* → 21   note

Mi piace leggere.
Ti piace la musica classica?
Le piacciono i romanzi gialli?

2. Il *passato prossimo*: formazione e uso → 24, 32

Il *passato prossimo* è un tempo del passato.
Si forma con uno dei due verbi ausiliari,
essere o **avere**, e il participio passato.

and**are**	a**vere**	dorm**ire**
⇩	⇩	⇩
and**ato**	av**uto**	dorm**ito**

Passato prossimo

con *avere*		con *essere*	
ho		sono	
hai		sei	andat**o**
ha	dormit**o**	è	andat**a**
abbiamo		siamo	
avete		siete	andat**i**
hanno		sono	andat**e**

3. La preposizione *di* + l'articolo determinativo → 7

	il	l'	lo	la	i	gli	le
di	del	dell'	dello	della	dei	degli	delle

4. Aggettivi possessivi → 10

con il sostantivo al singolare		*con il sostantivo al plurale*	
il mi**o**	la mi**a**	i mie**i**	le mi**e**
il tu**o**	la tu**a**	i tu**oi**	le tu**e**
il su**o**/il Su**o** amico	la su**a**/la Su**a** amica	i su**oi**/i Su**oi** parenti	le su**e**/le Su**e** colleghe
il nostr**o**	la nostr**a**	i nostr**i**	le nostr**e**
il vostr**o**	la vostr**a**	i vostr**i**	le vostr**e**
il lor**o**	la lor**o**	i lor**o**	le lor**o**

Attenzione all'uso dell'articolo determinativo con i termini di parentela:
mia sorella (al singolare), ma: **le mie sorelle** (al plurale).

In piazza Anfiteatro
Volete sapere quando comincia il concerto di questa sera.

A Un soggiorno a Lucca

Passate due settimane a Lucca per frequentare un corso d'italiano. I primi giorni siete all'albergo *La Luna*, poi abitate dalla famiglia Baldi. Durante le due settimane svolgete diverse attività.

Per conoscere le regole del gioco andate a pag. 196

A casa dei Baldi
Parlate della vostra famiglia.

Alla Torre delle Ore
Che ore sono adesso?

Alla Banca Commerciale
Il bancomat non funziona. Chiedete ad un impiegato come mai e quando potete ritornare.

In piazza Napoleone
Spiegate al vostro compagno dove abitate.

All'edicola *Lamedica*
Dovete incontrare un compagno di corso in piazza Napoleone. Chiedete al giornalaio dov'è.

Nel taxi
L'albergo *La Luna* è lontano. Prendete un taxi e dite al tassista dove dovete andare.

Alla stazione
Siete arrivati a Lucca. Chiedete ad un passante dov'è l'albergo *La Luna*.

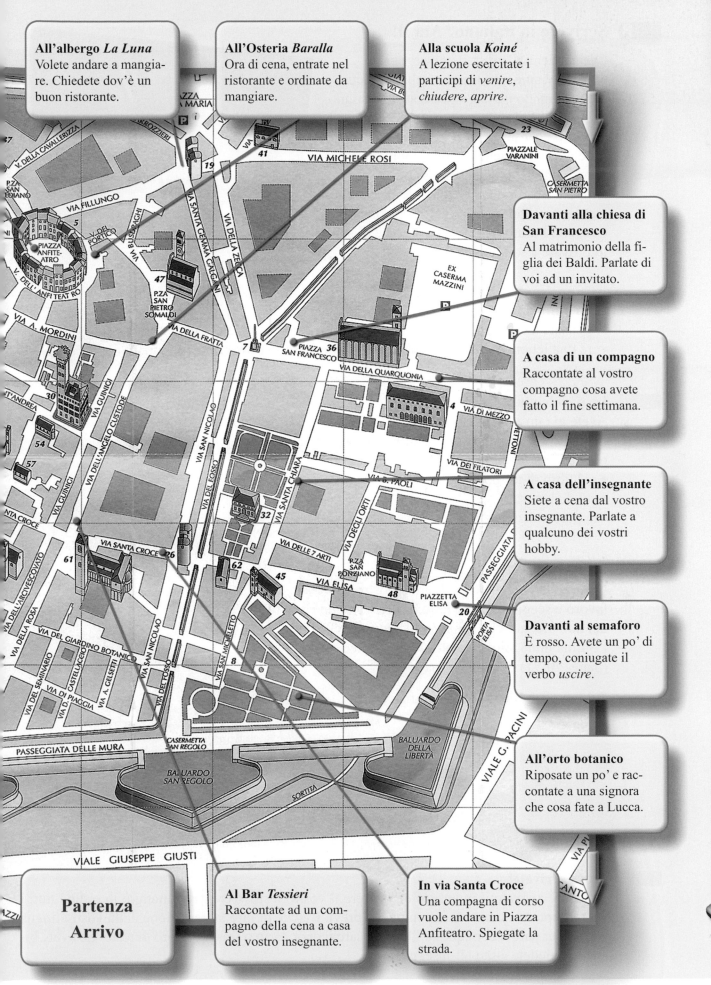

All'albergo *La Luna*
Volete andare a mangiare. Chiedete dov'è un buon ristorante.

All'Osteria *Baralla*
Ora di cena, entrate nel ristorante e ordinate da mangiare.

Alla scuola *Koiné*
A lezione esercitate i participi di *venire*, *chiudere*, *aprire*.

Davanti alla chiesa di San Francesco
Al matrimonio della figlia dei Baldi. Parlate di voi ad un invitato.

A casa di un compagno
Raccontate al vostro compagno cosa avete fatto il fine settimana.

A casa dell'insegnante
Siete a cena dal vostro insegnante. Parlate a qualcuno dei vostri hobby.

Davanti al semaforo
È rosso. Avete un po' di tempo, coniugate il verbo *uscire*.

All'orto botanico
Riposate un po' e raccontate a una signora che cosa fate a Lucca.

Partenza Arrivo

Al Bar *Tessieri*
Raccontate ad un compagno della cena a casa del vostro insegnante.

In via Santa Croce
Una compagna di corso vuole andare in Piazza Anfiteatro. Spiegate la strada.

B Scrivere in italiano? Ma sì!

Cari studenti/Care studentesse,
oggi proviamo a scrivere in italiano. Sicuramente quando parlate, spesso avete bisogno
di un po' di tempo per mettere insieme le
parole e costruire una frase. Qualcosa di simile succede anche quando dobbiamo scrivere, con il vantaggio, però, di avere più
tempo a nostra disposizione per pensare alla
parola più appropriata, al verbo giusto ecc.
Ora, con l'aiuto delle istruzioni date di seguito provate a scrivere un testo in italiano.

1 Per cominciare ...

... pensate a che tipo di testo volete scrivere e che cosa volete dire. Un'idea è quella di scrivere una lettera o un testo autobiografico. Scrivete i vostri primi appunti.

2 Le parole giuste

Avete già un'idea di cosa volete scrivere? Bene! Ora scrivete le parole, le espressioni, le
frasi che credete necessarie e utili al vostro compito. Iniziate con le parole che ricordate;
potete cercare quelle che non ricordate:
- nel libro di testo,
- sul dizionario,
- oppure chiedere aiuto ad un compagno o all'insegnante.

3 Un modello c'è già

Naturalmente, potete facilitare il vostro
lavoro e scegliere come testo da scrivere uno
dei due modelli che abbiamo incontrato nel-
l'ultima unità, cioè il testo autobiografico
(pagg. 70-71) o la lettera (pag. 72).

Per la vostra breve autobiografia cercate
frasi utili ...

Sono nato/a nel 19...

Per iniziare la vostra lettera ...

Parma, 10 gennaio 20...

... e per chiudere.

4 E ora scrivete!

Adesso è arrivato il momento di scrivere il vostro testo. Cercate di mettere in ordine tutti i
vostri appunti e create frasi semplici e brevi. Evitate di fare la traduzione dalla vostra lingua
parola per parola e, in questa fase, di usare il dizionario o frasi dal libro di testo. Se avete bisogno chiedete aiuto all'insegnante.

La famiglia

● Anche per gli italiani, la famiglia numerosa è un ricordo dei tempi passati. Gli italiani fanno pochi figli rispetto agli altri europei, con percentuali un po' più alte nelle regioni del Sud rispetto a quelle del Nord. Nonostante questo recente fenomeno, la famiglia in Italia continua a conservare caratteristiche del passato e quindi spesso, oltre ai genitori, sono i nonni o gli zii ad occuparsi dei figli, o meglio, spesso dell'unico/a figlio/a.

● In Italia, sono sempre più numerosi i giovani che preferiscono rimanere a casa dei loro genitori; vanno via solo quando decidono di sposarsi e quindi di creare una loro famiglia. Questo non soltanto per motivi economici, ma anche perché i giovani non vogliono vivere senza le comodità e le cure della loro *mamma*.

A proposito, dovete sapere che in Italia si usa soprattutto il termine *papà* ma che esiste anche *babbo*, che si usa soprattutto in Toscana.

Le feste di famiglia

● Gli italiani festeggiano di solito le feste in compagnia dei *parenti* o/e degli amici più stretti. In alcune zone dell'Italia, soprattutto del Sud, festeggiano anche l'onomastico. In occasione del *battesimo*, della *comunione*, della *cresima* e del *matrimonio* gli invitati ricevono una *bomboniera* e dei *confetti*. Questi ultimi sono delle caramelle tradizionali, di forma ovale e sono di diverso colore a seconda dell'occasione.

Orari di apertura

● In Italia, molti negozi rimangono chiusi dalle 12.30/13.00 alle 15.30/16.00, orario di chiusura che può variare da regione a regione. Tuttavia, ci sono sempre più negozi che fanno orario continuato, soprattutto supermercati e grandi magazzini. Il sabato i negozi rimangono aperti fino a sera e in molte città e centri turistici i negozi sono aperti anche la domenica.

● In Italia, da anni ormai, esistono grandi centri commerciali fuori città che restano aperti fino alle 22.00 e dove i clienti possono trovare di tutto. Naturalmente, questo ha creato dei problemi ai piccoli negozi di città.

Tempo libero

● Gli italiani, nel loro tempo libero, amano fare sport; vanno al cinema o in discoteca; vanno a cena, al ristorante o in pizzeria, con gli amici e la domenica organizzano, spesso, una *gita* o un *picnic* al mare o in montagna. Il giorno tradizionale che apre la stagione dei picnic è, in primavera, la *Pasquetta* (il primo giorno dopo la Pasqua). Ancora oggi i giovani, ma anche gli anziani, hanno come

punto d'incontro la *piazza* o il *corso*, dove possono passeggiare, mangiare un gelato o chiacchierare. Ovviamente, parte del tempo libero gli italiani lo passano in casa guardando la TV.

Li vuole provare?

Osservate.

Guardate la fotografia e i disegni in basso.

maglietta   cintura   orologio   profumo   CD   portafogli

Secondo voi, che cosa c'è nelle buste? Che cosa ha comprato lui e che cosa ha comprato lei?
Cosa avete comprato voi recentemente?

A Carina la giacca beige!

1 📖 **Leggete e abbinate.**

Leggete le descrizioni delle foto e abbinate
i capi di abbigliamento alle immagini. Dopo
confrontate le vostre risposte con quelle del
compagno vicino.

Carina la
giacca beige!

Che bello il
maglione beige!

Per lui (A) **maglione** beige di lana, (B)
camicia azzurra di cotone, (C) **cravatta** blu, (D) **pantaloni** blu, (E) **scarpe**
marrone di pelle.

Per lei (A) **gonna** nera, (B) **giacca**
beige e (C) **maglietta** bianca, (D)
foulard di seta a quadri, (E) **borsa**, (F)
stivali e (G) **cintura** beige.

Commentate anche voi uno o due capi
che vi piacciono.

2 **Osservate.**

Leggete attentamente le seguenti frasi.

Che bello il maglione	bianco! beige!
Carina la giacca	bianca! beige!
Belli gli stivali	neri! beige!

Cosa notate? Provate a cercare nelle brevi
descrizioni dell'esercizio precedente altri
aggettivi che sono invariabili come beige.

3 **Guardate e raccontate.**

Guardate i colori. Quali sono
i vostri colori preferiti?

ESEMPIO ▷

Il mio colore preferito è l'azzurro.
Per i vestiti preferisco il bianco e il beige.
Il viola invece non mi piace proprio.

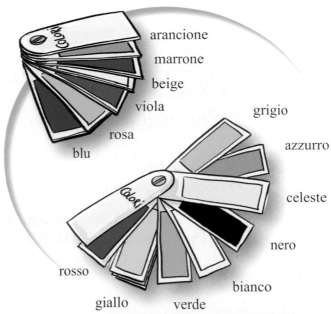

arancione
marrone
beige
viola
grigio
rosa
blu
azzurro
celeste
nero
rosso
bianco
giallo
verde

Li vuole provare?

4 **In classe**

A turno descrivete che cosa indossa uno dei vostri compagni senza dire, però, il suo nome. Gli altri studenti, dalla sola descrizione dell'abbigliamento, devono capire di chi si tratta.

ESEMPIO Porta un paio di pantaloni neri sportivi e una camicia a quadri.

in tinta unita

a quadri

a righe

a fiori

 di cotone    di seta

 di lana   di pelle

comodo   classico

sportivo   elegante

5 **Lavorate in coppia.**

Immaginate di dover fare uno dei quattro viaggi indicati sotto. Fate una lista degli abiti che mettete in valigia e leggetela ad un compagno che deve indovinare quale viaggio avete scelto di fare.

un breve viaggio di lavoro   ◆   un fine settimana in campagna o al mare
un paio di giorni a Roma   ◆   un matrimonio in un'altra città

Es. 1–4
pp. 140–141

completo gonna e giacca
completo pantaloni

vestito / abito

costume da bagno

scarpe da
ginnastica

Ascolto

1 **Ascoltate e discutete.**

Ascoltate attentamente il dialogo e, in piccoli gruppi, cercate di capire chi parla e di cosa parlano.

2 **Ascoltate e mettete una crocetta.**

Ascoltate ancora una volta la conversazione e indicate l'affermazione corretta.

1. Le due persone sono a	☐ Roma	☐ Verona
2. Il ragazzo vuole comprare	☐ una giacca	☐ un paio di jeans
3. Vuole un capo	☐ elegante	☐ sportivo
4. Porta Portese è il nome	☐ di un negozio	☐ di un mercato

3 **Rispondete.**

Riascoltate il dialogo e rispondete alle seguenti domande.

1. Quali altri capi d'abbigliamento nominano le due persone?
2. In che giorno della settimana possono fare spese a Porta Portese?
3. Dove si trova il negozio dove le due persone vogliono andare?

B Che taglia porta?

1 **Ascoltate.**
Ascoltate il dialogo.

- • Buongiorno!
- ○ Buongiorno, signora.
- • Senta, vorrei vedere i pantaloni grigi che sono in vetrina.
- ○ Sì, certo ... ecco.
- • Mmh ... sono carini. Però questo grigio ... veramente non mi piace molto. Ci sono anche in nero?
- ○ Sì. Li vuole provare?
- • Sì.
- ○ Che taglia porta?
- • La 42.

- ○ Allora, come vanno?
- • Non sono un po' stretti?

- ○ No, non sono stretti ... Questo è il modello, signora ...
- • Dice?
- ○ Sì, vanno bene proprio così ...
- • Mah, non sono molto convinta. Eventualmente li posso cambiare?
- ○ Sì, signora, non c'è problema.
- • Beh, allora li prendo. Ah, senta, mi fa vedere anche una maglietta beige?
- ○ Come no? Questa Le piace?
- • Sì, la posso provare?
- ○ Certo.

2 Completate.
Completate le frasi.

1. La cliente ha visto in vetrina ....
2. La cliente porta .... 42.
3. La cliente prova ....
4. Secondo la cliente i pantaloni sono ....

3 Prendete appunti.
Leggete la conversazione e scrivete, nei riquadri sottostanti, le frasi che possono essere di aiuto quando andate a comprare capi di abbigliamento.

Chiedere un capo di vestiario ...	... e rispondere.

4 Fate voi il cliente!
Immaginate di essere in un negozio di abbigliamento. Voi siete il/la cliente che chiede di vedere un capo di abbigliamento e l'insegnante è il/la commesso/a.

ESEMPIO ▸ • Vorrei vedere i pantaloni grigi che sono in vetrina.
○ Certo!

5 Lavorate in coppia.

Osservate l'immagine e completate le battute mancanti con l'aiuto degli aggettivi dati.

lungo   piccolo   grande

stretto   largo   corto

Come va la camicia?
Come vanno i pantaloni?

Come va la maglietta?
Come va la gonna?

6 Completate.

Inserite le forme verbali mancanti e completate le frasi.

	dire	volere
io	dico	voglio
tu	dici	vuoi
lui, lei, Lei	....	....
noi	diciamo	vogliamo
voi	dite	volete
loro	dicono	vogliono

Ecco	il completo.	Lo	
	la maglietta.	....	
	i pantaloni.	....	vuole provare?
	le scarpe.	Le	

7 Completate.

Completate le seguenti frasi con i pronomi diretti (lo, la, li, le).

1. Questo vestito è proprio bello. .... posso provare anche in blu?

2. Ecco gli stivali. .... vuole provare?

3. I pantaloni sono un po' corti. .... potete allungare un pochino?

4. Questa giacca mi sta bene. .... prendo.

5. Le scarpe sono un po' grandi. .... posso provare in un numero più piccolo?

6. A mio marito questa cravatta non piace. .... posso cambiare?

8 Fate conversazione.

Lavorate in coppia. In vetrina avete visto un capo d'abbigliamento che volete vedere meglio, da vicino. Purtroppo, c'è un problema: né il colore, né la taglia vanno bene per voi. Quindi, insieme al/alla commesso/a cercate di trovare qualcosa che a voi piace molto.

Es. 5–10
pp. 141–143

C Fare shopping a Bologna

1 Leggete e sottolineate.
Leggete il testo e sottolineate i nomi dei negozi nominati.

FARE SHOPPING A BOLOGNA

L'antico Mercato di Mezzo

A Bologna il «paradiso dello shopping» è all'ombra delle Due Torri, dove in pochi metri potete trovare di tutto: dalla moda ai gioielli, dalle delikatessen gastronomiche all'arredamento.

Il punto di riferimento per la moda griffata è la Galleria Cavour con i suoi bellissimi negozi d'abbigliamento e di scarpe. Ma l'area dello shopping più caratteristica è quella dell'antico Mercato di Mezzo, vicino a piazza Maggiore. Qui ci sono le bancarelle di frutta e verdura, il mercato del pesce e le botteghe storiche come l'*Antica Salsamenteria* dei *Fratelli Tamburini*, la salumeria aperta nel 1880, con gli squisiti salumi emiliani, dal prosciutto alla mortadella. Lì accanto c'è *Paolo Atti & Figli*, il panificio-pasticceria che da più di 120 anni è sinonimo di buon pane, pasta fresca e dolci di gran qualità e, infine, l'enoteca *Gilberto*, dal 1920 punto di riferimento per gli acquisti di vino e liquori di pregio.

adattato: *Bell'Italia*, n. 190, (supplemento)

2 Completate.
Scrivete nei vari riquadri i prodotti che potete comprare nei negozi elencati.

nel negozio di frutta e verdura
arance
pomodori
....
....

in salumeria
....
....
....
....

all'enoteca
....
....
....
....

al panificio/in panetteria
....
....
....
....

in pescheria
....
....
....
....

in macelleria
agnello
....
....
....

3 Lavorate in gruppi.
In gruppi di tre, parlate delle vostre abitudini quando fate la spesa. Che cosa comprate quando andate al supermercato, al mercato o in altri negozi specializzati?

Es. 11 p. 143

D A chi tocca?

1  **Ascoltate.**
Ascoltate il dialogo. Quali prodotti sono nominati?

- ● A chi tocca?
- ○ Tocca a me.
- ● Mi dica, signora!
- ○ Vorrei un chilo di pomodori ...
- ● Maturi o da insalata?
- ○ Da insalata, per piacere.
- ● Un chilo, vero?
- ○ Sì, e poi vorrei dell'uva ...
- ● Quanta?
- ○ Mezzo chilo.
- ● Ecco. Altro?
- ○ Sì, mi dia anche dei peperoni ...
- ● Quanti?
- ○ Mah, sei. Ah, ha già i funghi porcini!
- ● Sì, sono arrivati stamattina.
- ○ Quanto costano?
- ● 3,60 euro all'etto, sono i primi ...
- ○ Allora mi dia anche tre etti di porcini ...
- ● Ecco i porcini. Altro?
- ○ Basta così, grazie ... Ah, no, mi scusi, vorrei anche un mazzetto di basilico.

2 **Completate.**
Leggete il dialogo e scrivete nel riquadro cosa risponde la cliente alle domande del commesso.

A chi tocca?	....
Mi dica!	....
Altro?	....
	....

3 **Completate.**
Completate le frasi con le misure di peso.

Vorrei	del basilico.
	dell'uva.
Mi dia	dei pomodori.
	delle mele.

Vorrei	.... d'uva.
	.... di pomodori.
Mi dia	due chili di mele.
	.... di funghi.

Adesso confrontate le frasi che vedete a sinistra con quelle che sono a destra.
Che differenza c'è tra loro?

4 **Lavorate in gruppi.**
Di solito ognuno fa il minestrone in modo diverso, a seconda dei propri gusti. In gruppi di tre, scrivete la vostra ricetta del minestrone con gli ingredienti e le dosi. Se non conoscete tutte le parole, chiedete all'insegnante. Alle fine ogni gruppo legge la sua ricetta alla classe.

ESEMPIO Per il nostro minestrone dobbiamo comprare ...

5 Completate.

Completate i consigli
dei negozianti.

Signora bella, stamattina
ho .... seppie eccezionali.
Le vuole? O preferisce ....
pesce spada?

Oggi ho .... porcini
e .... uva di prima qualità.
E anche .... radicchio di
Treviso freschissimo!

Stamattina è arrivato
.... pecorino buonissimo.
Lo vuole provare?

6 Ascoltate e mettete una crocetta.

Ascoltate il dialogo che avviene in un negozio di generi alimentari e indicate i prodotti
acquistati dalla cliente.

☐ una lattina di coca-cola

☐ un pacco di spaghetti

☐ un litro d'olio d'oliva

☐ un vasetto di pesto

☐ un pacco di biscotti

☐ una scatola di pomodori pelati

Cosa chiede ancora la cliente?

7 Lavorate in gruppi.

Volete organizzare una cena a base di piatti italiani. Ognuno porta qualcosa. Scrivete la
lista della spesa e le quantità. Dite in quali negozi dovete andare, chi va in un negozio e
chi in un altro, chi compra una cosa e chi un'altra.

Es. 12–17
pp. 143–145

Ricapitoliamo!

Oggi è il vostro giorno fortunato. Avete 1.000 Euro a disposizione da spendere in cinque negozi a vostra scelta. Dite ad un vostro compagno in quali negozi andate e che cosa avete intenzione di comprare. Però attenzione: l'offerta è valida soltanto per oggi!

1 centesimo   2 centesimi   5 centesimi

10 centesimi   20 centesimi   50 centesimi

1 euro   2 euro

Le monete italiane

1 centesimo: Castel del Monte, castello di Federico II, 1240, Puglia

2 centesimi: Mole Antonelliana di Alessandro Antonelli, 1863, Torino

5 centesimi: Colosseo, iniziato sotto l'imperatore Vespasiano nel 75 d. C., Roma

10 centesimi: Venere, dal quadro "La nascita di Venere" di Sandro Botticelli, 1484 – 86, Firenze

20 centesimi: «Forme uniche nella continuità dello spazio», scultura di Umberto Boccioni, 1913, Galleria d'Arte Moderna, Milano

50 centesimi: statua dell'imperatore romano Marco Aurelio, Piazza del Campidoglio, Roma

1 Euro: «L'uomo vitruviano», disegno di Leonardo da Vinci, 1490, Galleria dell'Accademia, Venezia

2 Euro: ritratto del poeta Dante Alighieri dall'affresco «Parnaso» di Raffaello, Città del Vaticano

Si dice così

Chiedere qualcosa in un negozio	**Esprimere incertezza su un articolo**
Vorrei vedere la giacca che è in vetrina. Mi fa vedere anche una maglietta beige? Vorrei un chilo di pomodori. Mi dia tre etti di porcini.	Non sono un po' stretti? Mah, non sono molto convinta. Dice?
Informarsi sulla merce di un negozio	**Convincere o tranquillizzare un cliente incerto**
Questi pantaloni ci sono anche in nero? Li posso cambiare? Quanto costano?	Vanno bene proprio così. Questo è il modello, signora. Non c'è problema.
Chiedere se il cliente desidera altro	**Esprimere un parere positivo su un articolo**
Altro? Sì, mi dia anche ... Basta così, grazie.	Che bello il maglione beige! Carina la gonna nera!

1. Uso delle preposizioni *a*, *di*, *da*   → 29   note

maglione **di** lana
camicia **a** quadri
pomodori **da** insalata
camera **da** letto

2. I verbi *volere* e *dire*   → 22, 31, 32

	volere	dire
io	voglio	dico
tu	vuoi	dici
lui, lei, Lei	vuole	dice
noi	vogliamo	diciamo
voi	volete	dite
loro	vogliono	dicono

3. La preposizione *di* con termini di quantità, misura e peso   → 9

un chilo di zucchini   **una scatola di** pelati
due etti di funghi   **una bottiglia di** vino
un litro di olio   **un pacco di** spaghetti

4. L'articolo partitivo   → 8

Vorrei   **del** formaggio.
       della mortadella.
       dei pomodori.
       delle mele.

5. Aggettivi di colore   → 13

un vestito gial**lo**   dei pantaloni bianch**i**
una giacca grig**ia**   delle scarpe ner**e**

Ma: una gonna blu, un completo rosa

6. I pronomi personali come oggetto (pronomi diretti): *lo*, *la*, *li*, *le*   → 16

Il **completo** grigio è molto bello. **Lo** provo.
La **giacca** è troppo cara. Non **la** prendo.
I **pantaloni** sono stretti. **Li** posso cambiare?
Carine queste **scarpe**. **Le** posso provare?

Cosa fate in vacanza?

Guardate le foto.
Osservate le fotografie e
leggete le definizioni.
A cosa altro pensate?

- il mare
- il bel tempo
- le città d'arte
- la vegetazione mediterranea
- la buona cucina
- i siti archeologici
- la mentalità della gente
- ....
- ....

E a voi, che cosa piace dell'Italia?

A In vacanza mi rilasso ...

in Umbria / nel Veneto

a Capri

sulle Alpi

al / sul Lago di Garda

1 Guardate la cartina e raccontate.

Osservate la cartina dell'Italia che trovate all'interno della copertina e, come nell'esempio, rispondete: siete già stati in Italia? Dove? Dove volete andare?

> ESEMPIO Sono stato / stata ...
> Vorrei andare ...

2 Leggete e rispondete.

Leggete i progetti che hanno Giovanna e Andrea per le vacanze. Che tipo di vacanza, tra quelle indicate sotto, hanno deciso di fare?

Giovanna Cardini,
56 anni, traduttrice

▌ Quest'anno vado come sempre nella mia casa in Puglia. Mentre gli altri si divertono a fare mille attività diverse, io in vacanza non faccio niente di speciale. Mi sveglio tardi la mattina e resto ancora un po' a letto a leggere, poi mi alzo, faccio colazione e vado in pineta. Passeggio, mi rilasso e mi godo la natura. Mio marito non viene mai con me perché dice che si annoia. Io invece amo stare da sola ...

Andrea Romanelli,
32 anni, libero professionista

▌ Io in vacanza non mi riposo mai, amo le vacanze spericolate e così anche quest'anno parto per un'estate movimentata. Vado prima nel Trentino, sulle Dolomiti, a fare un corso di paracadutismo e poi in Sardegna in barca a vela ...

vacanza sportiva   vacanza rilassante

vacanza studio   vacanza culturale

E voi, che tipo di vacanza preferite?

3 Completate.

Inserite la forma verbale mancante e completate le frasi.

divertirsi	
io	mi diverto
tu	ti diverti
lui, lei, Lei	si diverte
noi	ci divertiamo
voi	vi divertite
loro	....

Cosa fai in vacanza?	
.... faccio .... di speciale. Mi alzo tardi, leggo, mi godo la natura.	Amo le vacanze attive, faccio molto sport, ... mi riposo ....

Che cosa notate nell'uso della negazione?

4 Raccontate.

In coppia raccontate l'uno all'altro come dev'essere, secondo voi, una giornata di vacanza ideale.

> ESEMPIO In vacanza trascorro così la mia giornata ideale: mi alzo tardi, ...

5 Completate.

Completate il testo con i verbi dati.

godersi ◆ alzarsi ◆ divertirsi ◆ riposarsi

Angelica Parini, 43 anni, segretaria, mamma di tre figli.

D'estate io .... le vacanze con la famiglia. Quest'anno siamo andati in campeggio sulla Costa Amalfitana. Generalmente noi in vacanza .... tardi, facciamo colazione e andiamo alla spiaggia. Mentre i bambini .... con i loro amici io .... sotto l'ombrellone. Mio marito invece legge o fa windsurf.

6 Completate il questionario.

Completate il questionario sulle vostre abitudini in vacanza.

Che tipo di vacanze fate?	mai	a volte	sempre
vacanze di solo mare	☐	☐	☐
vacanze in montagna	☐	☐	☐
viaggi organizzati	☐	☐	☐
viaggi in paesi lontani	☐	☐	☐
altro	☐	☐	☐

Come viaggiate?	mai	a volte	sempre
in aereo	☐	☐	☐
in macchina	☐	☐	☐
in nave	☐	☐	☐
in camper	☐	☐	☐
altro	☐	☐	☐

Dove vi fermate?	mai	a volte	sempre
in albergo	☐	☐	☐
in campeggio	☐	☐	☐
nei villaggi turistici	☐	☐	☐
nei centri di salute e benessere	☐	☐	☐
altro	☐	☐	☐

A quali attività vi dedicate?	mai	a volte	sempre
fare escursioni a piedi	☐	☐	☐
girare per negozi	☐	☐	☐
prendere il sole	☐	☐	☐
visitare i musei	☐	☐	☐
altro	☐	☐	☐

7 Raccontate.

A coppie, in base ai risultati del questionario, discutete su cosa fate e cosa non fate durante le vacanze.

ESEMPIO Non faccio mai viaggi organizzati.
Vado sempre in campeggio.

8 Fate conversazione.

Lavorate in piccoli gruppi. Raccontate dove e come volete trascorrere le prossime vacanze.

Es. 1–6
pp. 146–147

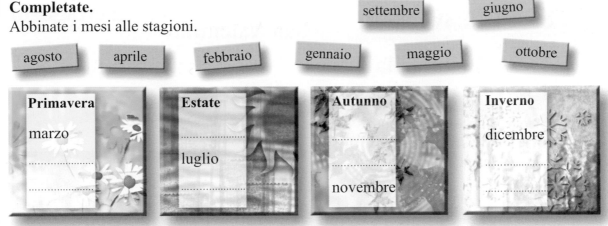

B Vorrei un'informazione.

1 Completate.
Abbinate i mesi alle stagioni.

settembre giugno

agosto aprile febbraio gennaio maggio ottobre

Primavera

marzo

....

....

Estate

....

luglio

....

Autunno

....

....

novembre

Inverno

dicembre

....

....

2 Ascoltate.
Ascoltate il dialogo che avviene in un'agenzia di viaggi a Napoli.

- ● Buongiorno.
- ○ Buongiorno. Senta, vorrei un'informazione.
- ● Sì, mi dica.
- ○ Ho sentito che la settimana prossima a Ischia c'è una festa ...
- ● Sì, la Festa di Sant'Anna ...
- ○ E quando è?
- ● Il ventisei luglio.
- ○ Che cosa c'è da vedere?
- ● Dunque, la festa si svolge sul mare. C'è una sfilata di barche decorate che vanno al Castello Aragonese e c'è un premio per la barca più bella. E tutto finisce con i fuochi d'artificio sul mare.
- ○ Ah, bello! E che collegamenti ci sono?
- ● Dunque, può prendere il traghetto o l'aliscafo. Il traghetto impiega circa un'ora e mezza, l'aliscafo quaranta minuti. Ecco gli orari.

...

- ○ Ah, però la sera tardi non ci sono traghetti, forse conviene rimanere lì a dormire. Può prenotare una camera in una pensione non troppo cara?
- ● Beh, possiamo provare, oggi è il venti luglio, forse troviamo ancora qualcosa ...

Con quali mezzi di trasporto il turista può raggiungere Ischia?
Come si svolge la festa di Sant'Anna?

3 Osservate.
Come scriviamo la data in italiano?

Quando è la festa?	Che giorno è oggi?
Il ventisei luglio.	Il primo luglio. L'undici luglio. Il venti luglio.

4 Indicate la data.

Conoscete la data delle seguenti feste?

Epifania

Festa dei Lavoratori

San Valentino

Ferragosto

Festa della Donna

San Silvestro

5 Ascoltate e completate.

Ascoltate e scrivete le date
delle seguenti manifestazioni.

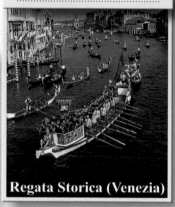

Sant'Anna (Jelsi)

Regata Storica (Venezia)

La processione dei serpari (Cocullo)

Calendimaggio (Assisi)

Festa dei Ceri (Gubbio)

Palio di Siena

6 Prendete appunti.

Leggete il dialogo a pagina 93 e
prendete nota, qui accanto, delle
frasi utili per chiedere informazioni.

chiedere informazioni

....

....

....

....

....

....

7 Chiedete informazioni.

Scegliete una delle feste sopra riportate e formulate alcune domande sul programma, il
luogo, su come arrivarci ecc. Chiedete all'insegnante tutte le informazioni necessarie.

8 Lavorate in coppia.

Es. 7–9
pp. 148–149

Avete partecipato a qualche festa o avvenimento particolare durante
una vacanza? Raccontate questa vostra esperienza.

C Una vacanza diversa

1 Leggete.
Leggete l'annuncio.

TRENTINO

Sì, vorrei conoscere le possibilità offerte dall'agriturismo nel Trentino. Vi prego di inviarmi gratuitamente un opuscolo informativo su come trascorrere una vacanza in un tipico maso trentino.

Nome ....

Indirizzo ....

....

Per maggiori informazioni inviate questo coupon a:
Azienda per la Promozione Turistica del Trentino
Via Romagnosi, 11–38100 Trento
oppure telefonate semplicemente allo 0461 839000
Informazioni anche in internet: www.trentino.to,
e-mail: info@trentino.to

2 Scrivete.
Su quale città o regione italiana vi piacerebbe informarvi? Scrivete un breve testo all'Azienda di Promozione Turistica della regione o della città che volete visitare per chiedere del materiale informativo.

Spettabile APT di ...,

Egregi signori, ...

3 Completate.
Completate con gli avverbi mancanti.

gratuito	....
semplice	....
naturale	naturalmente

Vi prego di inviarmi **gratuitamente** un opuscolo informativo. L'opuscolo è **gratuito**.

Confrontate le due frasi; che cosa notate?

4 Leggete e completate.
Leggete la cartolina e completate il testo con gli avverbi mancanti.

affettuosamente ◆ completamente ◆ esattamente ◆ finalmente
naturalmente ◆ particolarmente

Caro Mario, cara Rossella,
quest'anno _____ Paola è venuta con me in montagna, invece di passare tutta l'estate in spiaggia. _____ fare escursioni a piedi con Paola non è _____ rilassante perché lei si lamenta in continuazione: il sentiero è troppo ripido, le pause sono troppo brevi e così via. Ma al mare io faccio _____ lo stesso, quindi ... la posso capire!
Vi saluto _____
Luca

Ragazzi, Luca è _____ pazzo, camminiamo 10 ore al giorno e non ci fermiamo mai.
Voglio tornare a casa! Baci Paola

Rossella e Mario Peroni

via Libertà, 155

90139 Palermo

Es. 10–11
p. 149

Cosa fate in vacanza?

11

D C'è un sole stupendo.

1  **Ascoltate.**
Ascoltate la conversazione tra
Alessandro e suo padre.

- Pronto?
- Ciao, papà. Sono io.
- Ehi, ciao, Alessandro.
  Dove siete?
- Adesso siamo a Positano.
- Ah, bello! E quando siete
  arrivati?
- Siamo arrivati ... due giorni fa.
- E il tempo com'è?
- Fantastico! C'è un sole stupendo, fa proprio caldo ...
- Beati voi. Qui invece fa brutto tempo, piove già da due giorni ... e senti,
  ma quando tornate?
- Mah, penso fra una settimana. Vogliamo fare ancora qualche gita alle isole
  ... e poi vogliamo andare a Pompei e sul Vesuvio.
- Bravi, bravi ... allora aspetta che adesso ti passo la mamma ...

Com'è il tempo a Positano?

2 Leggete e completate.
Leggete le seguenti espressioni per descrivere il tempo e completate quelle mancanti.

	C'è il sole.		....		Fa freddo.
	C'è vento.		Nevica.		....
	C'è nebbia.		È nuvoloso.		

Fa bel tempo da voi adesso?
Che tempo preferite e perché?

3 Raccontate.
Lavorate in gruppo; a turno, ognuno dice agli altri che cosa fa in vacanza
quando il tempo è brutto.

ESEMPIO Cosa fai al mare / in montagna quando piove / nevica?

4 Completate.
Completate le frasi.

Siamo arrivati due giorni ....

Piove .... due giorni.

Torniamo .... una settimana.

Come potete tradurre queste frasi
nella vostra lingua?

Agosto
1 ....
2 ....
3 ....
4 ....
5 ....
(6) ....
7 ....
8 ....
9 ....
10 ....

5 Lavorate in coppia.

Siete in vacanza a Sorrento. Sul vostro calendario annotate da quanto tempo siete arrivati, che cosa avete già fatto, che cosa volete ancora fare e quando partite. Qui di seguito ci sono alcune proposte:

arrivo ◆ gita a Capri ◆ visita agli Scavi di Pompei
escursione a Paestum ◆ gita sul Vesuvio ◆ partenza

Il 6 agosto parlate con un altro turista delle vostre vacanze.

ESEMPIO   Da quanto tempo è qui?
          È già stato a Pompei?
          Che cosa vuole visitare ancora?

6 Scrivete.

Pensate alla città o regione dove avete trascorso le vostre ultime vacanze. Immaginate di essere di nuovo là e scrivete una cartolina ad un/una vostro/a compagno/a di corso.

Ascolto

Es. 12–16
pp. 150–151

1 Ascoltate e prendete appunti.

Ascoltate la canzone degli anni '60 "Sapore di sale", di Gino Paoli, e scrivete le parole che capite.

2 Ascoltate e mettete una crocetta.

Ascoltate nuovamente la canzone e indicate le affermazioni corrette.

La canzone parla di una vacanza

☐ al mare   ☐ d'estate   ☐ di due amici
☐ in montagna   ☐ d'inverno   ☐ di una coppia innamorata

3 Ascoltate e completate.

Ascoltate soltanto il ritornello della canzone e completate con le parole mancanti.

Adesso, pensate alle vostre ultime vacanze e completate il ritornello con le "vostre" parole.

Sapore di ....,
sapore di ....,
un gusto ....
di cose ....

Sapore di ....,
sapore di ....,
un gusto ....
di cose ....

Ricapitoliamo!

Lavorate in gruppi di tre.
Volete trascorrere una vacanza tutti insieme in Italia.
Decidete data, durata e destinazione del viaggio e riflettete anche su come arrivarci.
Parlate delle cose che volete e che non volete fare.
Fate un programma di viaggio e indicate le attività dei singoli giorni. Dopo, riferite alla classe.

Viaggio a ....

dal .... al ....

———————— PROGRAMMA ————————

Partenza ....

Punto d'incontro ....

Itinerario ....

....

....

....

....

....

Escursioni ....

....

Attività sportive ....

Ritorno ....

Si dice così

Raccontare quello che si fa volentieri ...

Mi diverto a Amo	fare escursioni.
Mi godo Amo	la natura.

... e quello che si fa malvolentieri

Mi annoio a Non mi piace	stare in spiaggia.

Raccontare una giornata tipo

Mi sveglio tardi.
Mi alzo ...
Mi rilasso.
Non faccio niente di speciale.
Passeggio.

Informarsi sulle offerte turistiche

Vorrei un'informazione.
Quando è la festa?
Che cosa c'è da vedere?
Che collegamenti ci sono?
Può prenotare una camera?
Vorrei conoscere le possibilità offerte
   dall'agriturismo nel Trentino.
Vi prego di inviarmi un opuscolo.

Parlare del tempo

Com'è il tempo? Che tempo fa?	Nevica. Piove. Fa brutto tempo. Fa freddo. È nuvoloso. C'è nebbia. C'è vento. C'è un sole stupendo. Fa proprio caldo.

1. Le preposizioni *a*, *in*, *su*: indicatori di luogo → 27

note

Quest'anno andiamo	**in** Italia.
	in Umbria.
	in Sicilia.
Vorrei andare	**nel** Veneto.
	nelle Marche.
Siete già stati	**a** Venezia?
	a Capri?
	al lago di Como?
Passiamo le vacanze	**sulle** Dolomiti.
	sul lago di Garda.

2. Verbi riflessivi: presente indicativo → 23

	divertirsi
io	mi diverto
tu	ti diverti
lui, lei, Lei	si diverte
noi	ci divertiamo
voi	vi divertite
loro	si divertono

3. Doppia negazione → 26

Oggi **non** faccio **niente** di speciale.
Mio marito **non** viene **mai** con me.

4. Indicatori di tempo (*da*, *fra* e *fa*) → 28

Piove **da** due giorni.
Torniamo **fra** una settimana.
Siamo arrivati due giorni **fa**.

5. L'avverbio → 14

Fa **proprio** caldo.
In vacanza ci alziamo **tardi**.
Io faccio **esattamente** lo stesso.
Cammino troppo **velocemente**.

A Parlare, parlare ...

Cari studenti/Care studentesse,
quando parlate con un italiano non dovete aver paura di sbagliare. Agli italiani fa piacere se qualcuno parla la loro lingua e cercano sempre di mantenere viva la conversazione. Ricordate, inoltre, di utilizzare frasi brevi e il lessico e le espressioni che conoscete.

1 Piano, per favore!

Durante una conversazione in italiano che cosa potete dire se non capite qualcosa, una parola o una frase?

....

....

....

2 Ditelo con altre parole.

Spesso sapete cosa volete dire ma non riuscite a ricordare una parola: nessun problema! Cercate di spiegarvi in altri modi, con altre parole.
Ora, come esercizio, completate le frasi qui a fianco.

un posto dove *comprare il pane*

una cosa per ....

un tipo di ....

3 In poche parole

Ormai siete in grado di capire espressioni italiane abbastanza complesse. Comunque è ancora difficile per voi creare frasi lunghe. Perciò cercate di formulare in modo più semplice quello che un italiano generalmente esprime in modo più complesso. Provate con questo testo.

"Le nostre vacanze sono state meravigliose! Non abbiamo fatto niente di eccezionale, ma ci siamo permessi di cenare più volte al ristorante, abbiamo passato tanto tempo al mare ed io ce l'ho fatta finalmente a finire il mio libro."

....

....

....

....

4 Improvvisate!

In piccoli gruppi scrivete su un foglio degli appunti relativi a scene comuni della vita di tutti i giorni, come nell'esempio qui accanto. Poi scambiatevi i fogli, decidete i ruoli da interpretare e "mettete in scena" le situazioni quotidiane riportate sui fogli.

Con un'amica / un amico in giro a fare spese

In ufficio al ritorno dalle ferie

Al mercato

B Vacanze in Italia

1 Buon viaggio e buon divertimento!

Per conoscere le regole del gioco andate a pag. 196

10 A **Matera** fate una visita ai «Sassi» e chiedete informazioni sulle feste e sulle sagre della zona.

11 Serata di giochi al villaggio turistico di **Tropea**. Quante regioni ha l'Italia?

12 A **Palermo** fate una visita alla Vucciria, il tradizionale mercato del pesce, e comprate qualcosa per la cena.

13 Vi informate sugli orari di apertura degli **Scavi di Pompei**.

14 Siete a **Cagliari** e vi informate sui collegamenti per Roma.

15 Al mercato di Campo de' Fiori a **Roma** comprate un po' di frutta.

1 Finalmente in Italia! Vi fermate a **Trento**, ma non avete ancora una camera. Andate all'ufficio informazioni.

2 Siete a **Trieste**. Che tempo fa?

3 Da **Verona** telefonate a casa e raccontate cosa volete fare nei prossimi giorni.

4 **Milano**, la capitale della moda! Fate un po' di shopping.

5 Siete nella regione della buona cucina. Quali prodotti tipici potete comprare a **Modena** e a **Parma**?

6 Che gite potete fare nei dintorni di **Ancona**? Se non avete idee guardate il Ripasso 3.

7 Siete sugli Appennini, nel **Parco Nazionale d'Abruzzo**. Come passate la giornata?

8 Stasera al campeggio di **Termoli** volete fare una grigliata mista. In che negozi andate e cosa comprate?

9 Siete sul **Gargano**. Che tempo fa?

16 Passate un giorno sul **Lago Trasimeno**. A quali attività vi dedicate?

17 Vacanze in campagna vicino a **Siena**. Che cosa fate di bello?

18 In un bar con vista sul mare a **Portofino**. Cosa ordinate?

19 Ad **Alba** in Piemonte chiedete informazioni sulla «Sagra del tartufo bianco».

20 Ad **Aosta** incontrate un amico. Raccontate cosa vi è piaciuto del viaggio.

C Auguri ... e buon proseguimento!

Bravissimi/e! Avete finito di studiare il primo volume di *Allegro* e ormai avete una conoscenza di base della lingua italiana. Ma anche fuori dalla lezione potete continuare ad avere un contatto con la lingua. Qui di seguito ci sono alcune proposte. Voi avete altre idee da aggiungere?

1 Ascoltare

- Ascoltate il CD o la cassetta di *Allegro* in macchina, mentre stirate ...
- Ascoltate musica italiana, dalla musica leggera all'opera, fiumi di note e ... di parole.
- Accendete la radio o la TV quando ci sono trasmissioni in lingua italiana o sulla lingua italiana. Se avete la possibilità guardate o ascoltate canali italiani.
- Fate attenzione quando ascoltate conversazioni in italiano, per strada, in pizzeria ecc.
- ....
- ....

2 Parlare

- Scambiate ogni tanto delle frasi (o magari inviate qualche SMS) in italiano con i compagni di corso o con altri conoscenti che studiano l'italiano.
- Cantate insieme al/alla cantante quando ascoltate una canzone in italiano.
- Leggete i testi del vostro libro ad alta voce: è un esercizio molto utile per migliorare la vostra pronuncia.
- Organizzate incontri con italiani o con amanti dell'Italia.
- ....
- ....

3 Leggere

- Ricordate di avere un archivio mobile? Bene, tirate fuori le schede e mentre siete nell'autobus o nel metrò fate un ripasso del vocabolario.
- Prendete in prestito da una biblioteca oppure comprate un giornale italiano o una rivista italiana. Ormai potete sfogliarli, leggere i titoli e magari qualche articolo breve e semplice.
- Navigate in Internet visitando qualche sito italiano.
- ....
- ....

4 Scrivere

Provate in italiano a:
- scrivere una cartolina o un'e-mail ai vostri compagni di corso oppure a conoscenti italiani;
- prendere nota dei vostri appuntamenti;
- scrivere la lista della spesa o delle spese;
- scrivere sul vostro diario come avete trascorso la giornata, cosa avete fatto ecc.
- ....
- ....

Caro diario,

Acquisti

● Gli italiani, di solito, fanno la *spesa settimanale* al supermercato o all'ipermercato, ma per le cose di tutti i giorni vanno anche nel negozio di alimentari o nella bottega vicino casa dove trovano un po' di tutto, dal panino al detersivo. Naturalmente non mancano i *negozi specializzati*, con nomi che variano da regione a regione: la salumeria, per esempio, si chiama anche salsamenteria o pizzicheria, il panificio può essere anche una panetteria e il fruttivendolo si può chiamare anche ortolano.

● In quasi tutte le città, una volta alla settimana, c'è il *mercato*. Qui è possibile comprare frutta, verdura, formaggio, pesce e specialità regionali, ma non solo ... ci sono anche bancarelle con articoli per la casa, scarpe, abbigliamento e altro. *Fare la spesa* significa comprare prodotti alimentari, *fare spese*, invece, fare acquisti in negozi di abbigliamento, di scarpe ecc. E cosa fanno gli italiani per risparmiare? Fanno attenzione ai cartelli con le scritte *saldi*, *offerte speciali* o *sconti*.

Gli italiani in vacanza

● In Italia, tutti lo sanno, ci sono posti adatti ad ogni tipo di vacanza: montagne, spiagge, parchi naturali, città d'arte ... basta scegliere. Per questo motivo molti italiani preferiscono ancora trascorrere le vacanze in Italia. Le *vacanze scolastiche* cominciano già alla fine di giugno ma, di solito, gli italiani partono solo verso la fine di luglio, quando chiudono anche le fabbriche delle grandi città.

● Vacanze al mare con la famiglia, in campeggio o in albergo, vacanze in campagna o in montagna per chi ama fare escursioni nella natura, queste sono le mete tradizionali. Negli ultimi anni però anche gli italiani hanno scoperto altri modi di fare vacanza: molti vanno *all'estero*, altri cercano la pace e il contatto con la natura in un *agriturismo* o vanno a riprendersi dallo stress cittadino in un *centro di salute e*

benessere.

● Il momento clou dell'estate è *Ferragosto*, il 15 agosto: le città sono vuote, le strade sono quasi deserte, i negozi *chiusi per ferie*. Anche chi non è potuto partire per le vacanze va per qualche giorno *fuori città* in compagnia di amici o parenti. Nei giorni successivi ricomincia per molti il lavoro, le persone tornano a casa e le città tornano a vivere.

Feste e sagre

● In Italia le occasioni per festeggiare sono numerose. Durante l'anno ci sono molte *feste a sfondo storico* o feste religiose, come la *festa del patrono*. In queste occasioni si svolgono processioni per le vie del paese o della città. Un periodo dell'anno ricco di processioni e *manifestazioni religiose* in tutta Italia è quello della *Settimana Santa*.

● Chi è amante della buona cucina, invece, può visitare una *sagra gastronomica* e gustare tante specialità preparate con prodotti tipici della zona.

ESERCIZI

1

Come va?

1 Abbinate le frasi come nell'esempio.

1. Buonasera, signora Missoni!
2. Ciao, Marco!
3. Buongiorno, signora, come sta?
4. Arrivederci, signor Rivelli!
5. Ciao, Stefano, come stai?

a) Arrivederci!
b) Non c'è male, grazie.
c) Buonasera!
d) Ciao, Anna! Come va?
e) Bene. E tu?

2 Completate con le risposte i mini dialoghi.

Buongiorno, signora! Come va?

1 ....

Come sta, signora?

2 ....

3 ....

Ciao, Laura! Come stai?

Ah ... signor Martini! Come va?

4 ....

3 Completate le frasi con il verbo *essere*.

1. ● Tu .... Davide, vero?

    ○ Sì, ... io.

    ● Ciao. Io .... Laura.

2. ● Ciao, io .... Fabrizio e questo .... Giancarlo. Tu .... Antonella, vero?

    ○ No, io .... Simonetta, lei .... Antonella!

3. ● Buongiorno, ... Lei la signora Balducci?

    ○ Sì, ... io.

    ● Piacere. Io .... Giovanni Conte.

4 Completate il dialogo con le parole date.

● ...., signor Ghiselli.

○ Buongiorno, signora Molteni, ... sta?

● Bene, ..., e ....?

○ Non c'è ...., grazie.

● Signor Ghiselli, ... la signora Bertani.

○ Piacere.

△ Piacere.

come

grazie   Le presento

Buongiorno   Lei

male

5 Paola incontra la sua amica Marina durante una passeggiata con Carlo. Riformulate il dialogo dell'esercizio 4 e ricordate che le due amiche si danno del tu.

6 Mettete in ordine le seguenti frasi.

1. Rossi ◆ Ingegnere ◆ signora ◆ Le presento ◆ la

   ....

2. Serena ◆ Paolo ◆ questa è

   ....

3. Paolo Vittorini ◆ Antonella Santi ◆ Io sono ◆ e ◆ questa è

....

4. Le presento ◆ avvocato Bartoli ◆ Dottoressa Mangoni ◆ l'

....

5. Marzano ◆ l' ◆ Sono ◆ architetto

....

7 **Leggete questi biglietti da visita e completate i due mini dialoghi.**

● Buongiorno, sono ....

....

○ Piacere. ....

....

● È Lei ....?

○ ....

● ....

....

8 **Cosa dite quando ...**

1. ... salutate un amico?

....

2. ... volete sapere come sta una persona?

....

3. ... presentate qualcuno/a?

....

4. ... presentate voi stessi?

....

5. ... andate via e salutate?

....

9 Completate i mini dialoghi come nell'esempio.

Erminia ◆ Verona
Erminia è di Verona?

no ◆ Padova ◆ Verona
No, Erminia è di Padova, ma abita a Verona.

1. Lei ◆ Roma

   ....?

   no ◆ Latina ◆ Roma

   ....

2. tu ◆ Milano

   ....?

   sì ◆ Milano ◆ Torino

   ....

3. sig. Caputi ◆ Palermo

   ....?

   no ◆ Napoli ◆ Palermo

   ....

10 Completate le città e le regioni con le lettere che mancano.

Venez.........   Fi.........nze   ....rdegna   Nap.........
Si.........lia   Bo.........gna   Lom.........rdia   ....scana

11 Completate i mini dialoghi con le desinenze degli aggettivi.

● Ciao, io sono Antje. Sono olandes......, di Rotterdam.
  E questo è Henrik. Anche lui è olandes......

○ Io sono Maria José. Sono spagnol......, di Malaga. Questa invece è Natalie.
  Lei è frances......, di Bordeaux. Anche Nadine è frances......, vero?

● No, lei è tedesc......, Pierre è frances...... È di Nizza. E Richard è tedesc...... o austriac......?

○ Richard? Richard è ingles......!

12 Completate le frasi con gli aggettivi di nazionalità.

1. Pierre è ...., di Parigi.   4. Bernard è ...., di Amsterdam.
2. Katrin è ...., di Vienna.   5. Cristina è ...., di Madrid.
3. Alice è ...., di Londra.   6. Petra è ...., di Berna.

13 Sostituite i numeri alle lettere (allo stesso numero corrisponde sempre la stessa lettera) per leggere un messaggio inviato alla chatroom del sito *Amici.net*.

C A¹ A ₂ A U³ ₃ ₃ ! S N² N ₂ ₄ L ₄ N A,

₁ ₃ A L ₁ A N A D ₁ N A P L ₁ ₁ ₄

C ₄ R C₂ A M C ₁ . C H A ₃ ₃ A M ₂ ?

14 *Di, a* o *in*? Completate con le preposizioni.

1. ● Marina è .... Madrid?
   ○ Sì, ma abita .... Lione.
2. ● .... dove sei?
   ○ Sono italiana, ... Torino.
3. ● Vienna è .... Germania?
   ○ No, è .... Austria.

4. ● Giorgio adesso abita .... Inghilterra?
   ○ Sì, ... Manchester.
5. ● Abita .... Manchester anche Piero?
   ○ No, lui abita .... Zurigo.
6. ● Lei .... dov'è?
   ○ Sono .... Verona.

15 *Essere* o *stare*? Completate le frasi.

● Buongiorno, signor Ruperti.
○ Ciao, Marta. Come ....?
● Bene, grazie. E Lei, come ....?
○ Non c'è male, grazie. Marta, questa .... Jeanette.
△ Piacere.
● Ciao, Jeanette. Ma tu .... francese?
△ No, il nome .... francese, ma io .... italiana.

16 Francesco e Angela incontrano Marco. Seguite le indicazioni e completate il dialogo.

Francesco saluta il suo amico Marco e chiede come sta.

● Ciao, Francesco!
○ ....
● Bene, grazie.

Francesco presenta Angela a Marco.

○ ....
● Piacere.
△ Ciao, Marco.

Francesco dice a Marco che Angela è svizzera, di Basilea e che ora abita a Roma.

○ ....
....
● Ciao.

Francesco e Angela vanno via e salutano Marco.

□ ....

17 Completate le frasi con i verbi dati.

1. ● La signora Bruni è di Rieti?
   ○ Sì, ma .... a Roma.

2. ● Ingegner Rimoldi, Le .... il dottor Speroni.
   ○ Piacere.

3. ● Ciao, Miriam. Come ....?
   ○ Bene. E tu?

4. ● Buongiorno, ... l'avvocato Rosselli. Lei .... la signora Crispi?
   ○ No, ... Maria Russo.

5. ● Giorgio, tu .... a Ferrara?
   ○ No, abito a Ravenna.

abitare ● essere ● stare ● presentare

18 Inserite le seguenti parole nelle quattro colonne secondo la loro pronuncia.

musica ◆ Pinot grigio ◆ gondola ◆ parmigiano ◆ medicina ◆ discoteca
zucchini ◆ cioccolata ◆ elegante ◆ Lamborghini ◆ cinema ◆ giraffa
Valpolicella ◆ spaghetti ◆ Germania ◆ architettura ◆ anche ◆ gusto
piacere ◆ Giulia ◆ gelato ◆ Lancia ◆ discussione ◆ guardaroba

Caserta	Vicenza	Lugano	Genova

19 Completate le parole.

come	buon.......rno	austria.......
ar.......tetto	.......sì ....sì	avvo.......to
fran.......se	.......llega	.......ttà
in.......gnere	arriveder.......	ami.......zia
tedes.......	.......gnome	pre.......

2

Dove vai?

1 **Completate i due mini dialoghi con il verbo *essere*.**

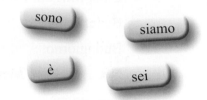

1. ● Ciao, io .... Sandro. Tu .... Paola, vero?
   ○ Sì, e questa .... Rosalba.
   ● Piacere.

2. ● E voi .... di Modena?
   ○ No, ... di Parma. Luca e Roberto .... di Modena.

sono   siamo   è   sei   siete   sono

2 **Scrivete delle frasi mettendo in ordine i pezzi del puzzle.**

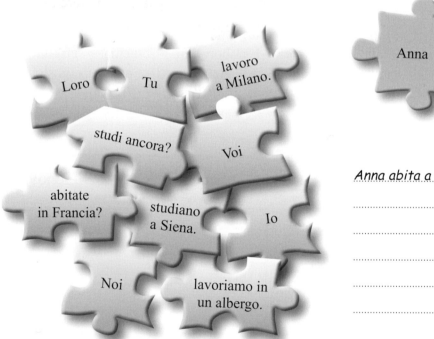

Loro   Tu   lavoro a Milano.   Anna   abita a Roma.

studi ancora?   Voi

abitate in Francia?   studiano a Siena.   Io

Noi   lavoriamo in un albergo.

Anna abita a Roma.
....
....
....
....
....

3 **Completate le frasi con il verbo *andare*.**

1. Quest'estate (noi) .... a Senigallia.
2. Anna e Sandro .... in Olanda.
3. Mario .... in città.
4. (Io) .... in Italia a passare le vacanze.
5. Come mai (tu) .... a Bari?
6. Il signor Ferrara .... a Roma.
7. (Voi) .... in Francia quest'estate?

4 **Completate le domande dei mini dialoghi.**

1. ● Ciao Luigi, ...?
   ○ Bene, grazie. E tu?

2. ● .... a Napoli?
   ○ Siamo qui per visitare la città.

3. ● .... Mario e Luisa?
   ○ Abitano a Viterbo.

4. ● Giorgio .... a Milano?
   ○ No, lavora a Varese.

5. ● Voi ....?
   ○ No, studiamo ancora.

6. ● Marta, ... sei?
   ○ Sono di Venezia.

7. ● Jan .... tedesco?
   ○ No, è olandese.

8. ● Tu come mai .... qui a Pescara?
   ○ Sono qui per lavoro.

5 **Completate le frasi con le preposizioni.**

Il signore e la signora Andreoli sono .... treno e vanno .... Roma.

Sono .... Londra, ma abitano .... Italia.

Anche Rita e Manuela sono .... treno. Manuela va .... Bologna .... trovare un amico.

Rita invece va .... Rimini per lavoro. Quest'estate lavora .... un albergo.

6 **Mettete le frasi alla forma negativa, come nell'esempio.**

La signora Magoni è svizzera.
La signora Magoni non è svizzera.

1. Il signore e la signora Perini abitano a Pavia.

   ....

2. Il signore e la signora Perini tornano a Palermo.

   ....

3. Rita lavora in un ristorante.

   ....

4. Rita e Manuela studiano a Bologna.

   ....

7 **Una signora italiana e un signore austriaco chiacchierano sull'Intercity Roma - Trieste. Completate il dialogo con le parole date sotto.**

vero   già   adesso

● Scusi, siamo .... a Bologna?

○ No, Bologna è la prossima.

● Ma Lei non è italiano, ...?

○ No, sono francese, di Parigi.

● Ah, e .... torna a Parigi?

○ No, io studio a Milano.

8 **Risolvete il cruciverba e scoprite il nome di una città.**

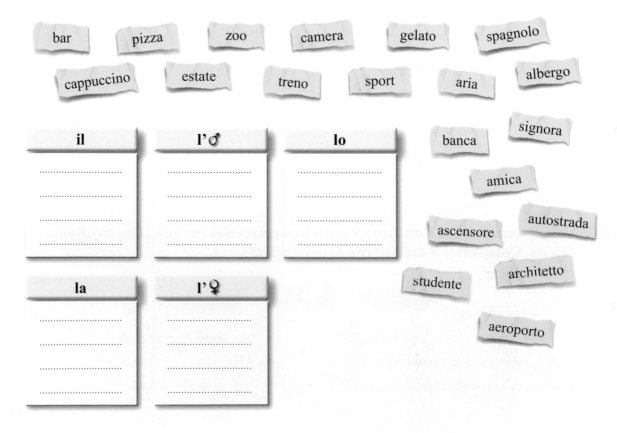

1. La stagione più calda.
2. Per viaggiare in treno bisogna prima fare il ...
3. Uno sport all'aperto per due persone.
4. Da lì prendiamo il treno.
5. Lì possiamo prenotare una camera e passare la notte.
6. Per molti è il periodo più bello dell'anno.
7. Il contrario del tempo libero.
8. È il paese dove tutti parlano italiano.
9. Molto più grande di un paesino.
10. Più di un buon conoscente.

Soluzione: una città sul mare

9 **Abbinate queste parole al corretto articolo determinativo.**

bar   pizza   zoo   camera   gelato   spagnolo
cappuccino   estate   treno   sport   aria   albergo
banca   signora
amica
ascensore   autostrada
studente   architetto
aeroporto

il	l'♂	lo

la	l'♀

10 La signora Bianchi prenota una camera all'hotel *Paradiso*, però prima chiede delle informazioni. Osservate attentamente l'immagine e scrivete, come nell'esempio, le domande della signora e le risposte del portiere.

Signora Bianchi

C'è il parcheggio?
....
....
....
....

Portiere

....
....
....
....

11 Mettete in ordine le frasi del dialogo.

- Sì. Senta, c'è anche la piscina, vero?
- Birindelli.
- Buongiorno, vorrei prenotare una camera singola per questo fine settimana.
- Bir ... come, scusi?
- Hotel Bella vista, buongiorno.
- Birindelli, va bene.
- Sì, va bene, e a che nome?
- Arrivederci.
- Ah, benissimo! Allora grazie e arrivederci.
- Sì, signora, la piscina e anche la spiaggia privata.
- Birindelli. Bi - i - erre - i - enne - di - e- elle - elle - i.

○ Hotel Bella vista, buongiorno.
● ....
....
○ ....
● ....
○ ....
● ....
○ ....
● ....
○ ....
● ....
○ Arrivederci.

12 Mettete in ordine le frasi.

1. vero ◆ è ◆ Il signor Arcari ◆ di Treviso ◆ ?

   ....

2. c'è ◆ non ◆ All'Hotel Sole ◆ il parcheggio

   ....

3. è di ◆ a Perugia ◆ Martina ◆ studia ◆ Todi ◆ ma

   ....

4. andate ◆ Luca ◆ a trovare ◆ Non ◆ ?

   ....

5. Per Frosinone ◆ treno ◆ devo cambiare

   ....

6. Alessandro ◆ per lavoro ◆ in Francia ◆ va

   ....

13 Completate il testo con i verbi dati.

Mi chiamo Martina, ... di Torino ma .... a Pavia.
Venerdì .... a Genova a trovare un'amica francese,
Natalie. Natalie .... di Parigi, ... all'università,
ma quest'estate .... in un albergo a Rapallo. Natalie
.... molto bene l'italiano. (Noi) .... il fine
settimana insieme e .... la città. Domenica io ....
a Pavia e lei .... a Rapallo.

andare (2) ◇ lavorare
visitare ◇ essere (2)
tornare ◇ studiare
parlare ◇ abitare
passare

14 Completate i mini dialoghi con le parole date.

1. ● Biglietti, prego!
   ○ ...., per Venezia devo cambiare?

2. ● Lei non è di Roma, ...?
   ○ No, non sono di qui.

3. ● Hotel Paradiso, buongiorno!
   ○ Buongiorno, ... una camera singola.

4. ● ...., c'è anche la piscina?
   ○ Sì, signora.

5. ● Ecco la chiave.
   ○ .... Arrivederci.

A proposito

Grazie   Scusi

vero

vorrei

114 centoquattordici

15 Scrivete prima le lettere date alla rinfusa e poi la corretta parola.

1. esse – o – erre – e – a – esse – ci – e – enne   *soreascen*   *ascensore*
2. gi – i – o – ci – acca – e – gi – pi – a – erre
3. di – i – gi – i – a – erre – enne – o
4. bi – e – erre – a – elle – gi – o
5. gi – i – a – esse – pi – i – a – gi
6. enne – a – ci – i – pi – i – esse

16 Il signor Facchetti Claudio di Cagliari vuole prenotare una camera singola in un albergo di Milano. Il portiere non riesce a capire bene né il nome né l'indirizzo. Come fa lo spelling il signor Facchetti? Completate.

Facchetti:

Effe - a

via Delle Maschere:

Cagliari:

17 Abbinate le parole secondo la loro pronuncia.

scultura ◆ shampoo ◆ scirocco ◆ prosciutto ◆ Frascati

pesca ◆ tedeschi ◆ ascensore ◆ camoscio

pesce ◆ scherzo ◆ fresco

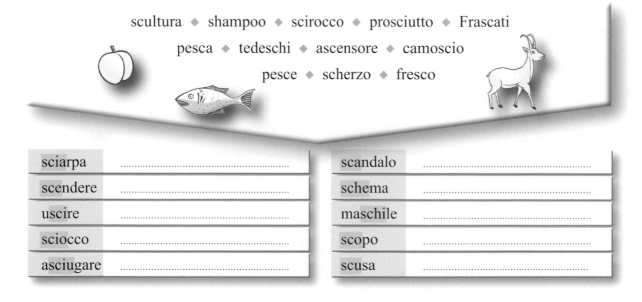

sciarpa		scandalo	
scendere		schema	
uscire		maschile	
sciocco		scopo	
asciugare		scusa	

Prendi un caffè?

1 Guardate il disegno e scrivete cosa ordina ogni membro della famiglia.

Il signore prende ....,

la bambina ....,

il bambino ....,

la signora ....

2 Completate i mini dialoghi con il verbo *prendere*.

1. ● Signor Bagatti, che cosa ....?

   ○ Un caffè, grazie.

   ● E voi che cosa ....?

   △ Teresa .... un cappuccino, io invece un tè.

2. ● Ragazzi, ... qualcosa da bere?

   □ Buona idea, andiamo al bar *Maria*?

3. ● .... una birra anche tu?

   △ Mmm, no, io .... una coca-cola.

   ● E Marzia e Robertino che cosa ....?

   △ Per loro va bene un'aranciata.

3 **Sottolineate la forma corretta del verbo *avere*.**

1. Marco e Luisa hanno / avete una camera doppia.
2. L'ingegner De Roberti ha / ho un lavoro interessante.
3. Giovanna, hai / hanno per caso 50 centesimi?
4. Noi non hai / abbiamo ancora il biglietto per il treno.
5. Signor Marinelli, ha / hai Lei lo scontrino?
6. Io abbiamo / ho un amico a Vienna.

4 **Mettete in ordine le parole per formare il dialogo.**

aperitivo ◆ un ◆ Ragazzi ◆ prendiamo ◆ ?   ● ....
bar ◆ Va bene ◆ andiamo ◆ *Rossini* ◆ al   ○ ....
Al bar
Io ◆ un ◆ Campari ◆ prendo ◆ voi ◆ e ◆ ?   ● ....
Campari ◆ Prendo ◆ anch'io ◆ un   ○ ....
prendo ◆ un ◆ Io ◆ invece ◆ Aperol   △ ....
due ◆ un ◆ Aperol ◆ Allora ◆ e ◆ Campari   ● ....
euro ◆ Sono ◆ 6 ◆ e ◆ 80   ■ ....

5 **Abbinate le parole al corretto articolo.**

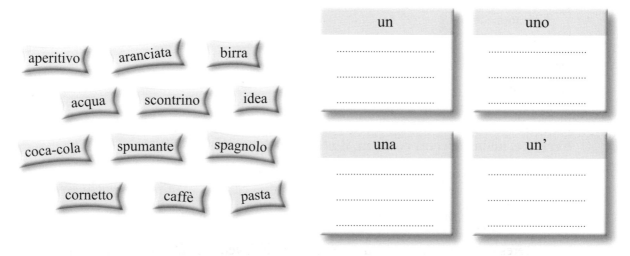

aperitivo   aranciata   birra

acqua   scontrino   idea

coca-cola   spumante   spagnolo

cornetto   caffè   pasta

un	uno
....	....
....	....
....	....

una	un'
....	....
....	....
....	....

6 **Completate con il numero in cifre o con il numero in lettere.**

( ) otto
(10) ....
( ) diciassette
(19) ....
( ) dodici

( ) nove
(16) ....
(11) ....
( ) diciotto
(15) ....

(20) ....
( ) sei
( ) quattordici
(13) ....
(7) ....

7 Quanto pagano i clienti? Completate le risposte del cassiere come nell'esempio.

Bar San Martino
Listino Prezzi

❖ CAFFETTERIA ❖		❖ VINI ❖	
CAFFÈ ESPRESSO	€ 0,90	MARTINI	€ 2,05
CAFFÈ HAG	€ 0,95	VINSANTO	€ 1,05
CAPPUCCINO	€ 1,15	VINO AL BICCHIERE	€ 1,05
LATTE MACCHIATO	€ 1,05	SPUMANTE	€ 2,05
TÈ, CAMOMILLA	€ 1,15	PORTO	€ 1,80
CIOCCOLATA	€ 1,55		
		❖ BIBITE ❖	
❖ APERITIVI ❖		BIRRA GRANDE	€ 3,05
CAMPARI	€ 2,05	BIRRA PICCOLA	€ 1,80
SAN BITTER	€ 2,05		
CRODINO	€ 2,05	COCA-COLA	€ 2,05
		ACQUA	€ 1,80
❖ LIQUORI ❖		SUCCO DI FRUTTA	€ 1,80
LIQUORI	€ 2,05	SPREMUTA	€ 2,05
GRAPPA	€ 2,05		
WHISKY	€ 3,05	PASTE	€ 0,90
COGNAC	€ 3,05	PANINI	€ 1,55

● Una spremuta e un San Bitter. Quant'è?
○ *Quattro euro e dieci.*

● Allora, un cappuccino e un latte macchiato.
○ ....

● Un Campari, un Crodino ... e un porto. Quant'è?
○ ....

● Allora, una spremuta e un panino. Quant'è?
○ ....

● Una cioccolata e un tè verde.
○ ....

● Un caffè e una pasta. Quant'è?
○ ....

8 Che cosa potete dire ancora
per ordinare un cappuccino?

Un cappuccino,
per favore.

9 Scrivete, nella corretta colonna, il plurale dei seguenti nomi.

bar ◆ cappuccino ◆ gelato ◆ aranciata ◆ caffè ◆ panino ◆ bicchiere
pizzetta ◆ tè ◆ cioccolata ◆ hotel ◆ tramezzino ◆ birra
tiramisù ◆ pasta

invariabili al plurale	plurale in -i	plurale in -e

10 Che ordiniamo al bar?
Scrivete le bevande con l'articolo
indeterminativo e l'aggettivo corretto.

verde   amara   macchiato

calda   grande   analcolico

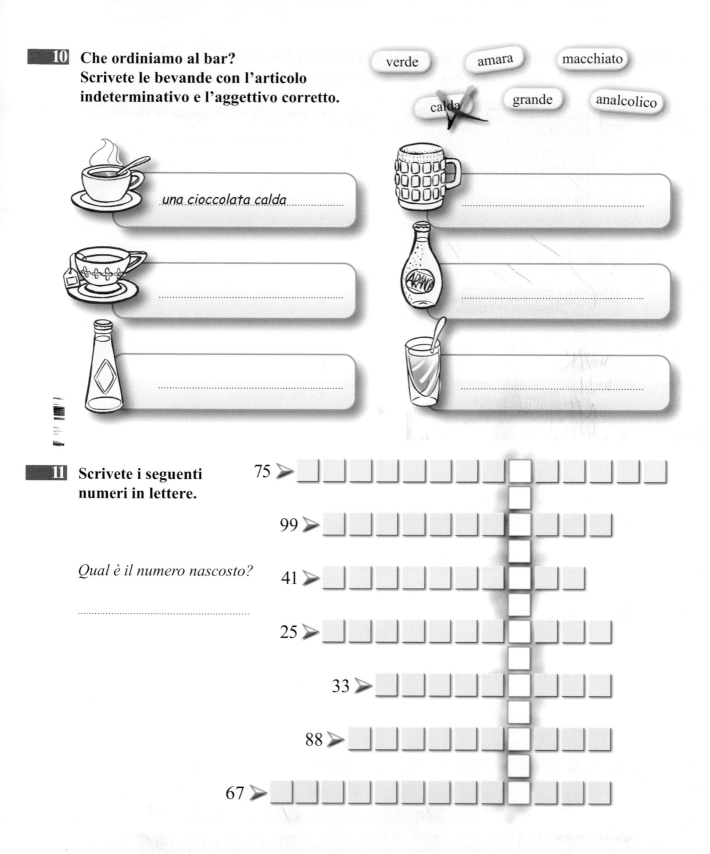

una cioccolata calda

11 Scrivete i seguenti
numeri in lettere.

Qual è il numero nascosto?

....

75
99
41
25
33
88
67

12 Completate con il singolare o il plurale dei nomi.

il ragazzo	i ragazzi	l'aranciata	....	....	le trattorie
il bar	....	la città	....	l'aperitivo	....
l'antipasto	....	....	i cornetti	....	le amiche
....	gli scontrini	il ristorante	....	....	le paste

13 La signora Bertoni va con un'amica alla trattoria *Da Michele*. Completate il dialogo, seguendo le indicazioni, con le battute mancanti della signora Bertoni.

La signora Bertoni vuole un tavolo per due persone.

● Buongiorno, Signora Bertoni!
○ Buongiorno, Roberto.
....
....

È d'accordo. Si siede e chiede al cameriere cosa c'è di buono.

● Questo qui va bene?
○ ....
....

● Beh, oggi abbiamo di primo gnocchetti al pesto e lasagne al forno e di secondo agnello in umido o calamari alla griglia.

Chiede se ci sono anche i crostini.

○ ....

● Sì, certo!

Chiede alla sua amica cosa prende.

○ ....

△ Mah, io prendo le lasagne e di secondo l'agnello in umido.

● Va bene. E per Lei, signora Bertoni?

Prende i crostini e i calamari. Da bere ordina una bottiglia di acqua minerale.

○ ....
....
....

● Va bene.

14 Completate il testo con l'articolo determinativo o indeterminativo.

.... signore e .... signora Marinelli prendono .... aperitivo al bar con .... amico, il signor Samanti. Alla cassa il signor Samanti ordina .... Martini, ... Campari e .... aranciata. Poi paga, prende .... scontrino e va al banco con .... signori Marinelli. Dopo vanno tutti al ristorante *Nabucco*. La signora Marinelli prende .... orecchiette al pesto e .... insalata. Il signor Marinelli prende .... cannelloni con .... spinaci e .... calamari alla siciliana. Il signor Samanti invece prende .... spaghetti al pomodoro e .... pesce fritto. Da bere prendono .... bottiglia di Chardonnay e .... bottiglia di acqua minerale naturale.

15 **Completate i mini dialoghi con le parole date sotto.**

| per favore | va bene | Dunque | mi dispiace | grazie | Ecco |

1. ● Cosa avete di primo?

   ○ ...., abbiamo risotto alla pescatora e lasagne alle verdure.

2. ● .... l'aranciata e il cappuccino.

   ○ Grazie.

3. ● Andiamo al ristorante *La dolce vita*?

   ○ Sì, ...

4. ● Ludovica, prendi un caffè?

   ○ No, ...

5. ● Avete le trenette al pesto?

   ○ No, ...

6. ● Un prosecco, ...

   ○ Sì, signora.

16 **Formulate le domande alle seguenti risposte.**

1. ● ....

   ○ Prendo un caffè macchiato.

2. ● ....

   ○ Le tagliatelle sono proprio buone.

3. ● ....

   ○ Il ristorante *Fellini* è in Via Oliviera.

4. ● ....

   ○ Sì. Andiamo al bar *San Marco*?

5. ● ....

   ○ Il pesce è molto buono.

6. ● ....

   ○ Due euro e sessanta.

17 **Lavorate in coppia. Stasera andate a cena per un motivo particolare. Ordinate un menu, dall'antipasto al dessert.**

Prendete un'insalata mista, un piccolo piatto di zuppa di pesce, un pezzo di dolce alle mandorle, agnello alla griglia con spinaci, un espresso, spaghetti ai frutti di mare, un amaro, acqua, una porzione di frutta e vino bianco.
Il cameriere prende nota di tutto. Che cosa c'è scritto sul suo foglietto?

Antipasto............................
....
Primo..................................
....
Secondo..............................
....
Contorno.............................
....
Altro...................................
....
Da bere...............................
....

Tu che cosa fai?

1 **Inserite nella corretta colonna le professioni date sotto.**

ingegnere ◆ casalinga ◆ infermiere ◆ commessa ◆ operaio ◆ impiegata
avvocato ◆ architetto ◆ programmatrice ◆ cameriera ◆ medico

♂	♀	♂♀
un/il/l' impiegato	un/la commessa	un/il medico
un/il casalingo	un/la casalinga	un/l' architetto
un/l'operaio	un/l' infermiera	un/l' avvocato
un/l' infermiere	un/l' operaia	un/l' ingenere
un/il programmatore	un/l' impiegata	
un/il commesso	una/la cameriera	
un/il cameriere	una/la programmatrice	

la → l'
il → l'

2 **Che lavoro fanno? Completate con le professioni date.**

cameriere   commessa

programmatrice   medico   tassista   operaio   avvocato   infermiera

Mi chiamo Armando. Faccio _il cameriere._ OR _sono cameriere._

Mi chiamo Rosa e sono _la programmatrice_

Mi chiamo Mario e sono _l' avvocato_

Mi chiamo Grazia e sono _l'infermiera_

Ciao, sono Aldo e faccio _l'operaio_

Mi chiamo Renato e faccio _la tassista_

Sono Claudia e sono _il medico_

Mi chiamo Luisa e faccio _la commessa._

3 Completate i mini dialoghi con il verbo *fare*.

1. ● Tu che lavoro *fai*?
   ○ Io studio ancora, ma ogni tanto *faccio* la baby-sitter.
2. ● Signora Dupont, cosa *fa* qui in Italia?
   ○ Sono qui in vacanza.
3. ● Ragazzi, voi che cosa *fate* questa sera?
   ○ Stasera stiamo a casa.

● E Gianni e Maurizio, che cosa *fanno*?
   ○ Loro vanno al cinema.
4. ● Dove andate in vacanza?
   ○ Quest'anno *facciamo* un viaggio in Francia. *(Francha - pronunciation)*
5. ● Ma Roberto dove lavora?
   ○ Lavora a Caserta, *fa* il tassista.

4 Completate il cruciverba con i luoghi di lavoro e scoprite le parole nascoste.

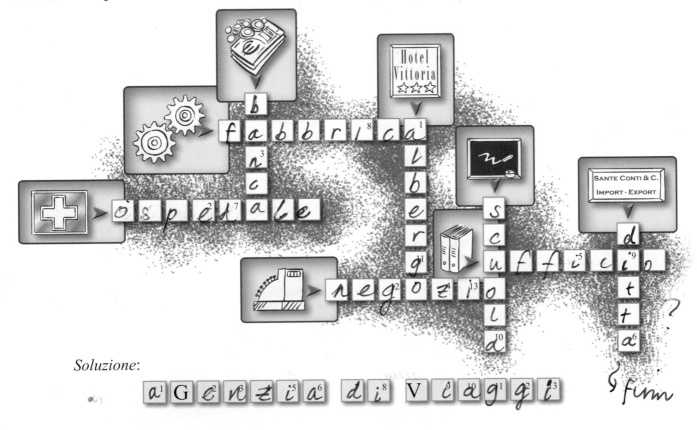

Soluzione:

a^1 G e^2 n z^5 i a^6 d i^8 v i a^{10} g^{11} g i^{13}

5 Guido e Paolo, due vecchi compagni di scuola, si incontrano in un bar. Completate il loro dialogo con le battute mancanti di Guido.

Guido saluta Paolo. Dice che sta bene e chiede a Paolo come sta.

● Ehi, ciao Guido! Come va?
○ ....

● Bene, bene. Ma tu che cosa fai adesso?

Guido dice che vive a Lucca e che lavora in una ditta di computer.

○ ....

Guido risponde di sì e dice che è un lavoro interessante e che è molto contento. Chiede se anche Paolo vive ancora a Lucca.

- Sei programmatore?
○ ....
  ....

- No, io ora abito a Viareggio, ma lavoro qui a Lucca.

Guido chiede che lavoro fa Paolo.
○ ....
  ....

- Sono medico, lavoro in ospedale.

Guido dice che il lavoro che fa Paolo è impegnativo.
○ ....
  ....

- Sì, è anche stressante, ma mi piace proprio.

6 Elena parla del suo lavoro. Completate il testo con gli aggettivi dati; fate attenzione alle desinenze.

faticoso   buona   impegnativo   nuova   giovane

poco flessibili   stressante   molto simpatica

Io sono infermiera.
Il mio lavoro è *faticoso* e *impegnativo*
a volte anche *stressante*. Purtroppo gli orari sono
poco *flessibili*. Con i colleghi però vado d'accordo.
Marina, ad esempio, una collega *nuova*,
è *giovane* e molto *simpatica*.
Insomma, l'atmosfera è *buona*.

[handwritten translation: I am a nurse. My job is challenging and tiring, at times also stressful. Unfortunately the hours are little flexible. With colleagues however I get on. Marina, for example, a colleague, is young and nice and very... In conclusion the atmosphere is good.]

7 Completate il testo con le desinenze degli aggettivi.

Giovanna ha un nuov*o* lavoro ed è molto content*a*. Fa la commessa in un negozio di scarpe.
Il lavoro è impegnativ*o* però è anche vari*o*. L'unico problema sono gli orari poco flessibil*i* perché il negozio è chius*o* solo la domenica e il lunedì mattina.
I colleghi di Giovanna sono giovan*i*. Con Gloria, una collega molto simpatic*a*, Giovanna va spesso a mangiare qualcosa a mezzogiorno. Generalmente prendono una pizzetta cald*a* o un toast e bevono coca-cola o acqua mineral*e*.

[handwritten translation: Giovanna has a new job and is very content. She works as a shopkeeper in a shoe shop. The work is challenging however it is also varied. The only problem is the schedules are little flexible because the shop is only closed on Sunday and Monday. Giovanna's colleagues are young people. With Gloria, a very nice colleague, Giovanna has eaten something at midday. Generally they prefer a pizza or a toast and then juice or water.]

8 Completate prima le frasi con le parti del giorno
e poi mettetele in ordine da 1 a 5.

la mattina

mezzogiorno

Il pomeriggio

La sera

la notte

1	Laura *la mattina* fa colazione e va all'università. Dopo le lezioni,
3	il *pomeriggio* lavora in una libreria.
5	beve troppo caffè e *la notte* dorme male.
4	*La sera* torna a casa, mangia qualcosa e dopo studia. A volte
2	verso *mezzogiorno*, va a mangiare con gli amici alla mensa.

9 Con l'aiuto delle sillabe date coniugate i verbi *pulire* e *finire*. Ogni sillaba può essere
usata più volte.

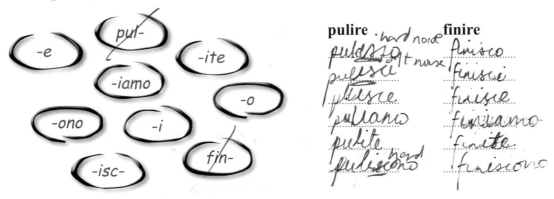

-e   pul-   -ite   -iamo   -o   -ono   -i   -isc-   fin-

pulire   finire

pulisco   *finisco*
pulisci   *finisci*
pulisce   *finisce*
puliamo   *finiamo*
pulite   *finite*
puliscono   *finiscono*

10 Abbinate le frasi per formare un testo (da 1 a 7) su Vittoria.

1.	Questa settimana Vittoria		a)	fanno la spesa.
2.	Per fortuna lei		b)	a casa prepara la cena.
3.	La mattina Daniele, suo		c)	forte, pulire la cucina dopo non tanto!
4.	Dopo la scuola i figli		d)	sta male.
5.	Mettono anche un po'		e)	marito, prepara la colazione.
6.	Quando Daniele torna		f)	non vive sola.
7.	Cucinare è il suo		g)	in ordine l'appartamento.

11 Completate il testo con i verbi dati.

Gianna *è* casalinga e *ha* sempre tanto da fare.
La mattina *pulisce* la casa, poi *stira* e *va* a
fare la spesa. Il pomeriggio di tanto in tanto *lavora* in un
museo. Quando *torna* a casa *prepara* da mangiare. Il
marito di Gianna *è* architetto e *finisce* di lavorare
tardi. La sera quando lui *arriva* a casa *mangia* insieme.

essere ◆ avere

pulire ◆ stirare ◆ andare

lavorare

tornare ◆ preparare

essere ◆ finire

arrivare ◆ mangiare

12 Formate delle frasi con i seguenti elementi.

1. Rino ◆ pensionato ◆ 75 anni ◆ ed è ◆ ha

   Rino ha 75 anni ed è pensionato.

2. Irene ◆ a Salerno ◆ commessa ◆ con il ◆ è ◆ e vive ◆ marito

   Irene è

3. Michele ◆ i colleghi ◆ non ◆ d'accordo ◆ va ◆ con

   Michele non va d'accordo con i colleghi.

4. Sandro ◆ un colloquio ◆ Lunedì ◆ ha ◆ alla Fiat

   Lunedì, Sandro ha un colloquio alla Fiat.

5. Bianchi ◆ ingegnere ◆ La ◆ è ◆ signora

   Signora Bianchi è la ingegnere.

6. Claudio ◆ di sera ◆ cuoco ◆ e lavora ◆ è

   Claudio è cuoco e lavora di sera.

13 Mettete l'aggettivo possessivo dato con o senza l'articolo determinativo.

1. Dov'è __mio__ libro d'italiano? *where is my Italian book?*
2. __Mio__ marito è insegnante. *My husband is a teacher.*
3. __Mia__ amica è ingegnere.

   mio ◆ mia

4. Come sta __tuo__ marito?
5. Com'è __tuo__ nuovo lavoro?
6. __Tua__ nuova collega è molto simpatica.

   tuo ◆ tua

7. __Sua__ giornata è proprio faticosa.
8. Il sabato __suo__ moglie non lavora.
9. __Suo__ lavoro è davvero interessante.

   suo ◆ sua

14 Completate la pagina dell'agenda con i giorni della settimana.

18	19	20	21	22	23	24
	martedì					
	dentista					
			banca			
					festa Giulia	

15 Completate il verbo *potere* e *dovere*.

posso	devo
puoi	devi
può	deve
possiamo	dobbiamo
potete	dovete
possono	devono

16 Completate i mini dialoghi con i verbi *potere* e *dovere*.

1. ● Luigi, *puoi* fare tu la spesa oggi pomeriggio?
   ○ Mi dispiace, ma non *posso*. Oggi pomeriggio *devo* andare dal medico.
   ● Va bene.

2. ○ Gianna, tu sabato *devi* lavorare?
   ● No, questo fine settimana, per fortuna, non *devo* lavorare.
   ○ Ma allora *possiamo* andare al mare.
   ● Sì, buona idea!

3. ● Andiamo al cinema stasera?
   ○ Mi dispiace, ma stasera *devo* studiare. Non *possiamo* andare domani?

   ● Va bene. Andiamo domani.

4. ● Venerdì andiamo a Verona con Mario e Vittoria, vero?
   ○ Ma no, partiamo sabato. Venerdì Mario non *può* perché *deve* lavorare.
   ● Ah, già. È vero.

5. ● Ma voi andate alla festa di Manuela stasera?
   ○ Sì, però prima *devo* finire questo lavoro.

6. ● Quando arrivano Luca e Marina?
   ○ Più tardi. Prima *devono* andare a prendere i bambini a scuola.

17 Completate il dialogo con le parole date a destra.

● Senti, Giorgio, venerdì dobbiamo pulire la casa. Sabato arriva tua madre.

○ .... venerdì devo andare dal medico.

● ...., però possiamo mettere un po' in ordine dopo.

○ ...., dopo vorrei andare a trovare Maurizio.

● .... vai a trovare Maurizio proprio venerdì?

○ .... sabato lui va a Roma per una settimana. Ma possiamo pulire la casa sabato mattina. .... mia madre arriva solo il pomeriggio.

● E va bene. Facciamo così.

Come mai   Dai

No, guarda

Mi dispiace, ma   Perché

Per fortuna

1 Formate le preposizioni articolate.

	il	lo	la	l'	i	gli	le
a	al	....	....	all'	....	....	alle
da	....	dallo	....	....	dai	....	....
in	....	....	nella	....	....	negli	....

2 Completate con le preposizioni articolate.

a	.... fermata	.... zoo	.... supermercato	.... edicola
da	.... architetto	.... medico	.... madre	.... amici
in	.... giardino	.... trattoria	.... centro	.... istituto

3 Completate il testo con le preposizioni *a* o *da*
seguite dall'articolo determinativo.

No,
mi dispiace, oggi non ho tempo.
Ho mille cose da fare: devo andare ....
dentista, ... mercato, ... fioraio, ...
ufficio postale, ... centro TIM e ....
parrucchiere. E stasera vado ....
corso di francese.

4 Completate il testo con la preposizione *in*
seguita dall'articolo determinativo.

Arriva l'estate! C'è gente .... gelaterie,
.... negozi, ... uffici turistici, ...
banche, ... ristoranti, ... trattorie,
.... bar, ... alberghi, ... piscine e
persino .... ascensori!

5 **Che cosa vogliono o devono fare Marisa, Aldo e Vittorio? Completate le frasi con l'aiuto delle parole date e dei disegni qui accanto.**

posta   scuola

palestra   ristorante   albergo   medico   parco   stazione   banca

1. La mattina Marisa deve andare a prendere un pacchetto ....

   Per il pranzo incontra la sua amica Elena e insieme vanno ....

   La sera per fare un po' di sport Marisa va ....

2. Questa mattina Aldo non sta bene e va .... Dopo va

   a prendere il bambino .... e insieme vanno ....

   ....

3. Stasera Vittorio deve partire per Venezia per lavoro. Il pomeriggio

   va a cambiare i soldi .... e alle sette prende un taxi

   per andare .... A Venezia va direttamente ....

   perché è stanco.

HOTEL OPERA ★★★

6 **Inserite _c'è_ o _ci sono_.**

1. ● Scusi, ... un supermercato in questo quartiere?

   ○ No, qui non .... supermercati.

2. ● È bello fare spese in centro perché .... tanti negozi.

   ○ Sì, ma non .... parcheggi per la macchina.

3. ● Non .... un ufficio postale qui vicino?

   ○ Sì, certo, in piazza del Mercato .... la posta centrale.

4. ● Purtroppo qui nella zona non .... ristoranti italiani.

   ○ Beh, allora andiamo in centro, lì .... _La Tavola_.

7 **Inserite _è_ o _c'è_.**

1. Accanto all'albergo .... un bar molto elegante.

2. In piazza Tasso .... un ristorante spagnolo.

3. Guarda, ... Rita alla fermata dell'autobus!

4. La Banca Commerciale .... in via Verdi.

5. La fermata dell'autobus .... di fronte alla stazione.

6. Vicino a casa mia .... un campo da tennis.

7. .... una drogheria in via Benedetta.

8. La gelateria .... di fronte alla chiesa San Francesco.

8 *Dove si trova?* **Completate le frasi.**

1. La fermata è .... supermercato.

2. Il supermercato è .... banca.

3. L'edicola è .... ristorante.

4. Il ristorante è .... scuola.

5. La banca è .... farmacia.

9 **Completate le frasi con le parole date.**

1. Il mio .... non funziona.

2. C'è un' .... qui vicino?

3. No, in questo .... purtroppo non c'è una farmacia.

4. Scusi, dov'è la .... centrale?

5. Andiamo al .... stasera?

edicola cinema cellulare stazione quartiere

10 **Che ore sono? / Che ora è?**

Sono le due e mezzo

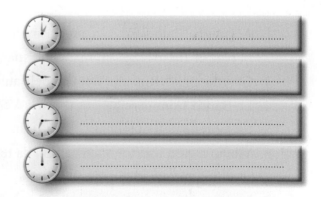

11 **Scrivete gli orari di apertura e di chiusura.**

1. ● Quando è aperto il supermercato *Poli*?
   ○ ....
   ....
   ....

POLI LEVICO C.so Centrale 40

Orari Lunedì–Sabato	
Mattino	8.15 – 12.30
Pomeriggio	15.00 – 19.00

Chiuso il mercoledì pomeriggio.

2. ● Quando è aperta la farmacia *Moroni*?
   ○ ....
   ....
   ....

FARMACIA MORONI
Corso Brodolini 81
Vigevano

Orari di apertura
dal martedì al sabato
ore 8.30 – 12.30 e 15.30 – 19.30

3. ● Quando è aperto l'ufficio postale di Cremona Centro?
   ○ ....
   ....
   ....

Ufficio
CREMONA CENTRO

Via Verdi 1

Lunedì – Venerdì	8:10 – 19:00
Sabato	8:10 – 13:00
Domenica	Chiuso

12 **Completate con le domande.**

1. ● *Scusi,* .... *supermercato?*
   ○ Alle otto e mezzo.

2. ● ....
   ○ Sono le dieci meno un quarto.

3. ● .... *i negozi del centro commerciale?*
   ○ Chiudono alle otto di sera.

4. ● ....
   ○ Roberto arriva domani verso le sette.

13 **Mettete una crocetta sull'espressione corretta.**

Allora, Lei deve girare	☐ a destra, ☐ fino al semaforo, ☐ la piazza,	poi continuare	☐ l'incrocio. ☐ fino all'incrocio. ☐ in via Larga.

Dopo gira	☐ il ponte, ☐ sinistra, ☐ a sinistra,	attraversa	☐ la piazza ☐ a sinistra ☐ il semaforo	e arriva	☐ la via Calvi. ☐ fino via Calvi. ☐ in via Calvi.

14 A Firenze, un'impiegata dell'ufficio informazioni per i turisti in via Camillo Cavour spiega a un turista italiano come arrivare alla Chiesa di *Santa Maria Novella*. Completate le indicazioni date.

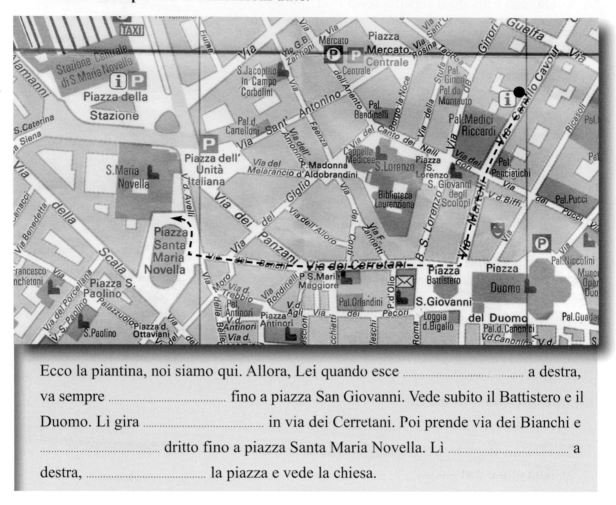

Ecco la piantina, noi siamo qui. Allora, Lei quando esce .... a destra, va sempre .... fino a piazza San Giovanni. Vede subito il Battistero e il Duomo. Lì gira .... in via dei Cerretani. Poi prende via dei Bianchi e .... dritto fino a piazza Santa Maria Novella. Lì .... a destra, ... la piazza e vede la chiesa.

15 Completate il cruciverba con le corrette forme verbali.

1. tu - sapere
2. tu - uscire
3. lei - uscire
4. noi - aprire
5. voi - sapere
6. loro - aprire
7. noi - sapere
8. noi - uscire
9. voi - uscire
10. loro - sapere
11. Lei - aprire
12. io - aprire
13. lui - sapere
14. tu - aprire
15. io - uscire
16. io - sapere
17. voi - aprire
18. loro - uscire

16 **Completate i due mini dialoghi con il verbo *venire*.**

1. *Al telefono*

   ● Carla, ... anche tu sabato sera al *Barone Rosso*?

   ○ Sì, ... anch'io.

   ● Bene! .... anche Vittoria e Gabriele?

   ○ Certo! Però Gabriele .... un po' più tardi perché sabato deve lavorare.

2. *Al bar*

   ● Allora, a stasera! Ci vediamo *da Guido*.

   ○ Ah! .... anche voi! Che bello!

   ● Sì, però .... solo dopo cena.

17 **Completate il dialogo con le espressioni date.**

● Ciao, Ramona. Dove vai ....?

○ .... al bancomat. E tu?

   Cosa fai ....?

● Devo passare dal fioraio, ho un invito a pranzo …

○ Ma adesso è quasi l'una, il fioraio è chiuso.

● Accidenti! È già l'una! E adesso ....?

○ Perché non vai al centro commerciale? Lì i negozi fanno l'orario continuato.

● .... Buona idea.

○ Beh, ma adesso devo proprio scappare. Ciao.

● Ciao.

da queste parti

Ah già, è vero!

Faccio un salto

come faccio

così di corsa

18 **Siete in vacanza a Lucca. Chiedete ...**

... *al portiere dell'albergo,*

– se c'è un bancomat lì vicino;

....

– se i negozi sono aperti all'ora di pranzo.

....

... *alla cassiera del cinema,*

– a che ora comincia il film;

....

– se potete prenotare tre biglietti per martedì sera.

....

8 *Che cosa hai fatto ieri?*

1 **Formulate delle domande in base ai disegni, come nell'esempio.**

Ti piace guardare la TV?

1. ....

2. ....

3. ....

4. ....

1

2

3

4

2 **Completate con i pronomi dati a destra e il verbo *piacere*.**

mi   ti

Le

1. ● .... cucinare, Roberto?

   ○ Mah, preferisco andare al ristorante!

2. ● Marina, ... le canzoni degli anni Cinquanta?

   ○ Sì, ... moltissimo.

3. ● Signora Bortone, ... i musical?

   ○ No, veramente non .... molto.

4. ● Vuole venire anche Lei a vedere la mostra di Giacometti?

   ○ Sì, vengo volentieri. .... tanto la scultura.

3 **Rispondete negativamente alle seguenti domande. Se volete, potete variare le risposte con gli avverbi dati.**

molto   proprio

tanto

veramente

● Le piace andare a teatro?

○ *No, non mi piace tanto.*

1. ● Signora, non Le piacciono i gialli?

   ○ *No,* ....

2. ● Ingegnere, Le piace fare sport?

   ○ ....

3. ● Paolo, ti piacciono le orecchiette con i broccoli?

   ○ ....

4 **Per sapere come Luisa ha trascorso la domenica pomeriggio completate il testo con la preposizione *di* seguita dall'articolo determinativo.**

Oggi è domenica, Luisa è da sola e non sa cosa fare. Eppure ci sono molte manifestazioni interessanti in città: c'è la Mostra .... Antiquariato in piazza .... Basiliche, in via .... Nazioni Unite c'è la Festa .... Prosecco e .... Spumante, in piazza .... Duomo la Fiera .... Libro. Ci sono la Mostra .... Etruschi al Museo Archeologico, il festival di Musica Latinoamericana in piazza .... Obelisco e il Teatro .... Marionette in piazza .... Repubblica.

Ma cosa fa Luisa? Resta a casa, guarda la TV e parla al telefono con le amiche.

5 **Scrivete il *participio passato* dei seguenti verbi.**

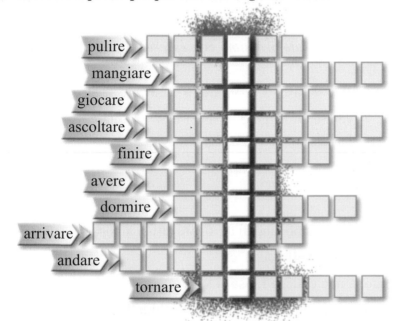

pulire
mangiare
giocare
ascoltare
finire
avere
dormire
arrivare
andare
tornare

Soluzione: Ieri, davanti al cinema, Leonardo ha .... un collega.

6 **Costruite dei mini dialoghi come nell'esempio.**

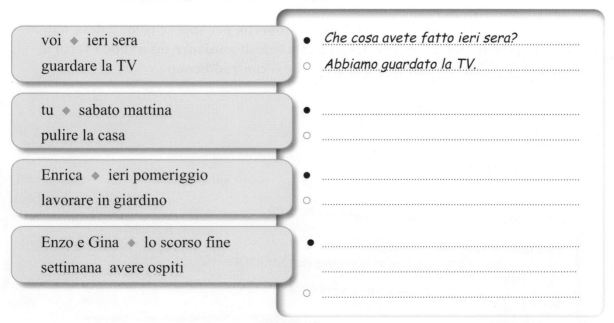

| voi ◆ ieri sera guardare la TV | ● *Che cosa avete fatto ieri sera?* |
| | ○ *Abbiamo guardato la TV.* |

| tu ◆ sabato mattina pulire la casa | ● .... |
| | ○ .... |

| Enrica ◆ ieri pomeriggio lavorare in giardino | ● .... |
| | ○ .... |

| Enzo e Gina ◆ lo scorso fine settimana avere ospiti | ● .... |
| | ○ .... |

7 Completate le frasi con i seguenti elementi. Potete usare più volte lo stesso elemento.

Barbara è .... andata a fare la spesa.

.... venuti con noi a sciare.

.... arrivate stamattina.

.... stato in piscina con gli amici.

.... tornata dal lavoro alle sei.

.... andato al cinema ieri sera.

.... arrivati alle dieci di sera.

.... uscita con Paolo sabato scorso.

.... state al mare per una settimana.

Barbara   Alessandro

Silvia e Lucia

Andrea e Giovanni

Anna e Fabio

è   sono

8 Sottolineate i verbi che formano il _passato prossimo_ con _essere_.

fare ◆ finire ◆ (essere) ◆ incontrare ◆ uscire ◆ girare ◆ pranzare ◆ arrivare
amare ◆ tornare ◆ lavorare ◆ venire ◆ leggere ◆ andare ◆ ascoltare

9 Sottolineate l'ausiliare corretto.

1. Il fine settimana scorso abbiamo / siamo andati a trovare amici a Torino.

2. Ieri sera mio fratello ha / è tornato dalle vacanze.

3. Sabato ho / sono incontrato la mia collega Luisa al supermercato.

4. Avete / Siete già andate a vedere il nuovo film di Silvio Soldini?

5. Domenica abbiamo / siamo fatto una gita a Venezia.

10 La polizia interroga una coppia, Lucia e Roberto, per sapere come e dove hanno trascorso la serata del delitto. Completate le testimonianze inserendo i verbi al _passato prossimo_ e scrivete le due frasi che si contraddicono.

Lucia Gabrielli:

«Ieri pomeriggio .... (_essere_) da mia sorella e ....

.... (_tornare_) a casa verso le otto. Pochi minuti dopo ....

.... (_telefonare_) Roberto. Roberto .... (_venire_) a

casa mia verso le nove e .... (_uscire_) insieme. ....

.... (_andare_) al ristorante _da Luciano_ e ....

(_essere_) lì dalle nove e mezzo alle undici circa.»

Roberto Giani:

«Ieri .... (*lavorare*) fino alle sette e mezzo. Verso le otto ....

.... (*parlare*) al telefono con la signora Gabrielli, la mia ragazza. Subito

dopo .... (*andare*) da lei. ....

(*arrivare*) a casa sua alle otto e venti circa. E verso le nove ....

(*uscire*) per andare a mangiare al ristorante *da Luciano*.»

Lucia: « ....»

Roberto: « ....»

11 **Scrivete l'infinito dei seguenti participi passati?**

.... – fatto   .... – stato   .... – vissuto

.... – chiuso   .... – aperto   .... – venuto

12 **Questa è Carla con suo marito e i suoi figli. Scrivete un breve testo al *passato prossimo* sulla vita di Carla basandovi sulle date e i momenti più importanti della sua vita.**

1917: nasce a Lucca
1928: finisce le scuole
1935-1941: lavora come sarta
1938: conosce suo marito
1943: nasce suo figlio
1950: nasce sua figlia
        vive sempre a Lucca con la
        famiglia
1998: va a vivere dalla famiglia di suo
        figlio

Carla è nata ....

....

....

....

....

....

....

....

....

....

....

....

....

....

....

....

....

13 Un indovinello

Due padri e due figli sono seduti insieme a tavola ma da mangiare hanno solo tre panini e un po' di formaggio. Come hanno fatto se alla fine del pranzo hanno mangiato un panino per uno?

14 Osservate l'albero genealogico e scrivete i vari rapporti di parentela.

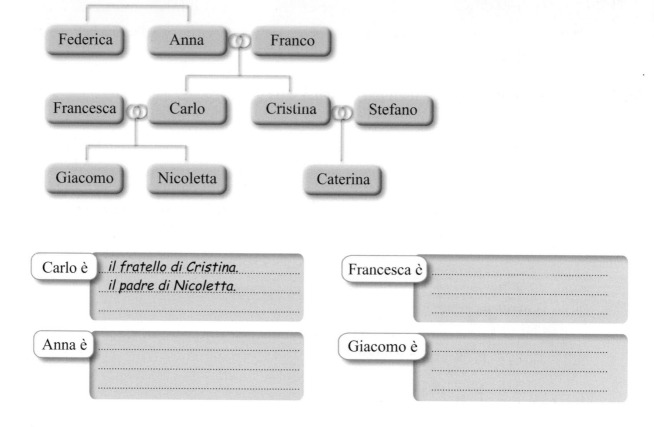

Carlo è *il fratello di Cristina.*
il padre di Nicoletta.

Francesca è ....

Anna è ....

Giacomo è ....

15 Completate con i possessivi e l'articolo determinativo.

io		tu		lei/lui	
....	amico	....	compleanno	....	fratelli
....	sorelle	....	lettera	....	nome
....	amici	....	libri	....	amiche
....	famiglia	....	figlie	....	bicicletta

noi		voi		loro	
....	vacanze	....	nipoti	....	figli
....	quartiere	....	camere	....	casa
....	parenti	....	lavoro	....	colleghe
....	festa	....	ditta	....	giardino

16 **Antonio ha festeggiato il suo compleanno con amici e parenti. Completate il testo con i possessivi e, se necessario, l'articolo determinativo.**

«Sono venute circa venticinque persone: la mia ragazza, ... madre, ... sorelle, ... nipoti, ... fratello e .... cognata. E poi .... amico Paolo, ... colleghe Adriana e Beatrice e altri amici. È venuta anche la famiglia della .... ragazza: .... padre, ... due fratelli con .... mogli e .... figli. Ah, è stata proprio una bella festa!»

17 **Mettete in ordine le frasi della lettera che Eleonora ha scritto a Rossella.**

venuti tutti i nostri parenti e abbiamo
per il regalo. La festa
tornati a casa molto tardi. E tu
caro abbraccio. Eleonora
mangiato in un ristorante a Como.
fatto una passeggiata sul lungolago e siamo
Dopo pranzo abbiamo
è stata bellissima. Sono
Tanti saluti e un
adesso come stai?

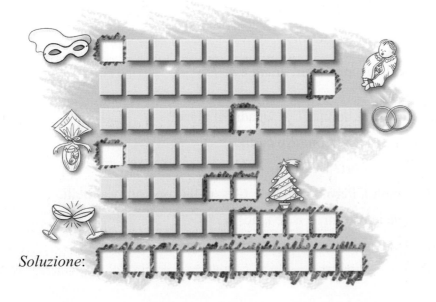

Cara Rossella,
mille grazie ....

18 **Osservate i disegni e scrivete la festa corrispondente.**

Soluzione:

Li vuole provare?

1 Che cosa indossano i due manichini? Scrivete nei riquadri i nomi dei capi di abbigliamento.

2 Gina e Luciana hanno acquistato tanti vestiti con i saldi.
Completate il testo con le desinenze degli aggettivi.

Gina ha comprato una gonna grigi...., una camicetta bianc.... elegant...., un paio di scarpe beig.... e una bella borsa dello stesso colore. Per suo marito ha trovato una cintura marron.... e un maglione classic.... bl..... Luciana invece ha comprato un paio di pantaloni sportiv.... ros...., una giacca celest...., scarpe marron.... comod.... e una maglietta arancion.... per sua nipote.

3 Completate il dialogo con le preposizioni *di*, *da* e *a*.

- Quante cose carine! Guarda la gonna .... quadri, ti piace?
- Sì, e anche il maglione rosa .... cotone è carino.
- E il foulard .... seta .... fiori? Bello, no?
- Mah, no, non mi piace molto. Però i pantaloni .... pelle sono proprio belli.
- Ma tu guarda, ci sono già i costumi .... bagno!
- Non è un po' presto? Andiamo ancora in giro con il maglione .... lana!

4 **Che cosa hanno regalato ad Angelo per il suo compleanno?**

....

....

....

....

....

5 **Completate il dialogo con le seguenti frasi.**

> Lo posso provare in blu? ◇ Mmh ... è carino. Però questo rosso ... non so.
>
> ◇ La 44. ◇ Senta, vorrei vedere il vestito rosso che è in vetrina. ◇
>
> Va benissimo. Lo prendo, perché è proprio carino. ◇ No, grazie, va bene così.

● Buongiorno.

○ Buongiorno, signora!

● ....

○ Sì. Ecco.

● ....

○ C'è anche in blu e in bianco, se preferisce.

● ....

○ Certo. Che taglia porta?

● ....

○ Allora, come va?

● ....

○ Bene. Vuole vedere qualcos'altro?

● ....

6 **Quando comprate dei vestiti che cosa dite se ...**

... volete vedere dei pantaloni in vetrina?

....

... li volete provare?

....

... preferite i pantaloni neri?

....

7 Completate il dialogo con il verbo *volere*.

- Pronto, Paola, sono Luca.

○ Ah, ciao, Luca!

- Senti, allora che facciamo stasera?

○ Eh, non so bene. Marco .... andare anche stasera al Festival del Cinema, io invece vorrei vedere un po' di gente, non .... passare un'altra serata al cinema ... E tu e Lidia, invece, che cosa .... fare?

- Dunque, prima ho parlato con Raffaele e Sabina e anche loro .... andare al cinema. Poi però ho sentito Saverio che stasera fa una festa in terrazza e mi ha detto che se (noi) ...., possiamo andare da lui.

○ Questa sì che è una buona idea! .... provare tu a parlare con Marco?

8 Coniugate il verbo *dire*. Potete usare ogni sillaba più di una volta.

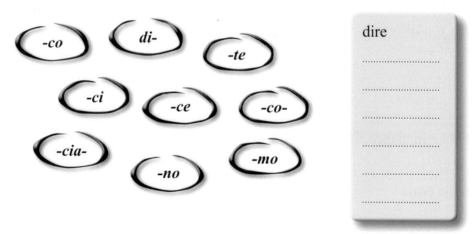

dire
....
....
....
....
....
....

9 Completate con i pronomi diretti dati a destra.

1. ● Ti è simpatico il ragazzo di Margherita?
   ○ Non tanto, ... trovo un po' arrogante.

2. ● Sono pronte le foto delle vacanze?
   ○ Sì, ... vuoi vedere?

3. ● È questa la maglietta che hai comprato per Elisa?
   ○ Sì, però .... devo cambiare perché è un po' stretta.

4. ● Inviti anche Pia e Gino al battesimo di Anna?
   ○ Certo che .... invito.

5. ● Hai letto l'ultimo romanzo di Tabucchi?
   ○ Ancora no. Ma .... voglio leggere quest'estate.

6. ● Ti piacciono questi bicchieri colorati?
   ○ Sì, ... trovo molto originali.

lo

la

li

le

10 Completate il dialogo con i pronomi diretti e gli aggettivi dati.

- Vorrei vedere un completo per un matrimonio.

○ .... preferisce con i pantaloni o con la gonna?

- Con i pantaloni.

○ Allora ... c'è questo completo qui che è molto ....

- Con questi pantaloni così larghi?!

○ .... preferisce più ....? Allora guardi se Le piace questo con la giacca corta.

- No, la giacca non mi piace. .... vorrei un po' più ....

○ Guardi allora quest'altro completo. Come .... trova?

- Non è male ... Ma non è un po' troppo ....?

○ Ma no, signora, è un completo di seta, è semplice ed elegantissimo.

- Va bene, allora .... provo.

lungo   elegante   sportivo   stretto

11 Dove possiamo comprare questi prodotti? Osservate i disegni e scrivete il nome del negozio, come nell'esempio.

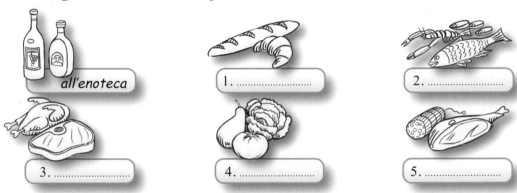

all'enoteca

1. ....

2. ....

3. ....

4. ....

5. ....

12 Fate la spesa al mercato. Completate il dialogo.

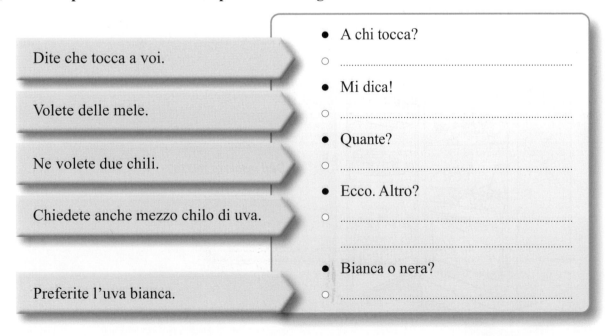

Dite che tocca a voi.

Volete delle mele.

Ne volete due chili.

Chiedete anche mezzo chilo di uva.

Preferite l'uva bianca.

- A chi tocca?

○ ....

- Mi dica!

○ ....

- Quante?

○ ....

- Ecco. Altro?

○ ....

....

- Bianca o nera?

○ ....

Li vuole provare?

Dite di sì e chiedete, inoltre, quattro peperoni gialli.	• Mezzo chilo, vero?
	○ ....
	....
	• Ecco l'uva e i peperoni. Altro?
Dite che è tutto e ringraziate.	○ ....

13 **Completate il cruciverba con i nomi dei generi alimentari.**

14 **Ramona riceve, inaspettatamente, una visita da parte di amici. Osservate il disegno e scrivete che cosa può offrire da bere ai suoi ospiti e che cosa può preparare per cena.**

Del vino, ...

....

....

....

Dell'insalata mista, ...

....

....

....

....

15 Gabriele ha appena preso la patente di guida e, quindi, va al supermercato a fare la spesa per sua madre. Completate la lista della spesa indicando la quantità o il tipo di confezione.

«Allora senti, Gabriele, compra l'acqua minerale, delle .... di coca cola e tre

.... di Pinot Grigio. Poi due .... di marmellata – prendi quella

che preferisci tu – , un .... di biscotti e due .... di spaghetti. Ah,

e poi quattro .... di pomodori pelati e due .... di patate. Compra

anche tre .... di mortadella, ma guarda se è buona. Hai scritto tutto?»

16 Completate il testo con la preposizione *di* o con l'articolo partitivo.

Oggi Maria è andata al supermercato a fare la spesa. Ha comprato tre pacchi .... pasta,

quattro scatole .... pomodori pelati, ... acqua minerale, mezzo chilo .... pane,

.... biscotti, un chilo .... pesche, ... arance e .... spinaci, un po' .... basilico,

un litro .... olio, ... zucchero e un pacchetto .... caffè.

17 Completate con le battute date sotto.

la vuole provare ◆ Lo preferisce ◆ li mangio solo io ◆ Li vuole
◆ Le vorrei ◆ Ah, bene. Così lo posso

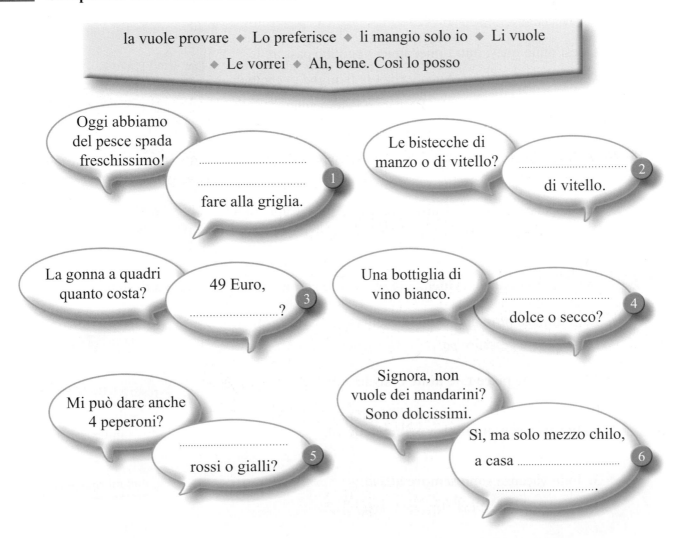

11 Cosa fate in vacanza?

1 **Completate il testo con le espressioni date sotto.**

bel tempo ◆ gente ◆ siti archeologici ◆ cucina ◆ vegetazione mediterranea

Siete mai stati in Campania? È una regione poco conosciuta ma molto interessante. Il clima
è fantastico, c'è quasi sempre .... e ci sono molte cose da vedere, i ....
.... di Pompei e Ercolano, la Costa Amalfitana con la sua ....
.... e il mare azzurro, il Vesuvio e Napoli con le sue chiese e i suoi palazzi.
La .... ha una mentalità molto aperta e la .... è eccellente.

2 **Completate il testo con le preposizioni,
semplici o articolate.**

Quest'anno quasi tutti i miei amici vogliono passare le
vacanze .... Italia. Anna va con la famiglia in campeggio .... Lago di Garda, Barbara e Peter vanno ....
Sicilia e Maria va .... Veneto per passare due settimane .... mare. Thomas va .... Marche come ogni
anno, Sandra e il suo ragazzo vanno .... Dolomiti per
fare escursioni a piedi. Luisa invece va .... Capri ed io
forse vado con lei: Capri è un'isola così bella!

3 **Sostituite le parole evidenziate in neretto con le espressioni date a destra.**

La settimana prossima **vado in** Sicilia.
La settimana prossima parto per la Sicilia.

parto per la

1. Alla gente piace fare **tante cose** diverse.
....

resto a letto fino alle

2. In vacanza **non mi alzo prima delle** 10.
....

mille attività

3. Io in vacanza **sono sempre attivo**.
....

non mi riposo mai

4 **Completate con i pronomi riflessivi dati.**

| mi | ti | si | ci | vi | si |

.... divertono   .... alzi   .... rilasso   .... divertite

.... prepari   .... annoiate   .... riposa   .... godiamo

.... rilassano   .... preparo   .... svegliamo   .... annoia

5 **Completate la lettera con i verbi dati.**

Caro Roberto,

come stai? Finalmente ho un po' di tempo per scriverti. Siamo qui in campeggio da lunedì. Riccardo e Miriam .... molto, la mattina .... tardissimo e vanno in spiaggia solo di pomeriggio.

Fabio ed io invece .... abbastanza presto, passeggiamo sul lungomare e .... la natura.

La mamma resta spesso in pineta e .... all'ombra con un buon libro. Questa volta Barbara non è venuta con noi, al mare lei ...., è andata con Armando a Parigi.

divertirsi

svegliarsi

alzarsi

godersi

rilassarsi

annoiarsi

6 **Gino e Nina parlano delle loro abitudini in vacanza. Che cosa fanno di solito? Che cosa non fanno mai? Osservate i disegni e scrivete un breve testo.**

«*In vacanza noi* ....
....
....
....
....
....
....
....
....
....
....
....
.... »

7 Inserite i nomi dei mesi in base ai numeri indicati.

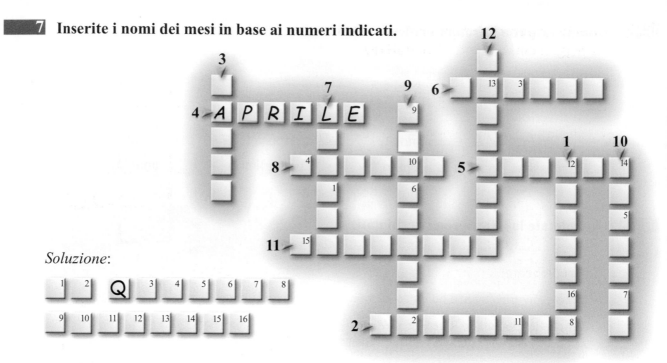

Soluzione:

1	2	Q	3	4	5	6	7	8

9	10	11	12	13	14	15	16

8 Durante una vacanza in Italia, a Verona, entrate in un ufficio informazioni per i turisti per chiedere della *Sagra di Sant'Antonio* a Padova. Completate il dialogo.

● Buongiorno.

Ricambiate il saluto e chiedete un'informazione.

○ ....

● Sì, mi dica.

Chiedete all'impiegato se sa quando c'è la Sagra di Sant'Antonio (a Padova).

○ ....

....

● Il tredici giugno.

Siete contenti che la sagra è domenica prossima e chiedete informazioni su come arrivare.

○ ....

....

● Beh, da qui può prendere il treno o la corriera. Il treno impiega circa un'ora, la corriera circa 50 minuti. Vuole sapere gli orari?

Dite di sì, ringraziate e chiedete all'impiegato soltanto gli orari dei treni.

○ ....

....

● Va bene. Quando vuole partire?

Dite che volete partire di mattina.

○ ....

● Ecco, allora la mattina c'è un treno diretto da Verona Porta Nuova che parte alle otto, e dopo c'è un treno quasi ogni ora.

Ringraziate e salutate.

○ ....

● Prego. Arrivederci.

9 Inserite le parole che qui sono spiegate con una perifrasi e scoprite il nome di una città italiana.

1. percorso a piedi durante una festa religiosa

2. indica l'ora di partenza e di arrivo dell'autobus

3. un mezzo molto veloce sul mare

4. trasporta gente e macchine alle isole

5. una persona che viaggia per divertimento

6. treno, macchina e autobus sono ...

7. spettacoli di luci

Soluzione:

10 Formate l'avverbio come nell'esempio.

1. raro   *raramente*   5. naturale ....

2. finale ....   6. regolare ....

3. veloce ....   7. vero ....

4. diretto ....   8. attuale ....

11 Aggettivo o avverbio?

- Sai dove vanno quest'anno Aldo e Marina in vacanza?
- Mah, hanno detto che vogliono passare delle vacanze

  ....

- Davvero?! .... fanno dei viaggi all'estero,

  in paesi esotici ...

- Eh sì, loro amano l'avventura, sempre esperienze

  ...., mai una vacanza ....

- Figurati, Marina ha fatto .... anche un corso di

  paracadutismo!

- E invece questa volta passano a trovare i genitori di lei e poi

  vanno .... a Jesolo.

- Che strano! Secondo me è in arrivo la cicogna.

tranquillo

normale

diverso

normale

recente

diretto

Cosa fate in vacanza?

12 Guardate la cartina e scrivete che tempo fa nelle varie città italiane.

A Bolzano ....
A Trieste ....
A Milano ....
A Bologna ....
A Roma ....
A Bari ....

Bolzano

Trieste

Milano

Bologna

Roma

Bari

13 Rispondete alle domande come nell'esempio.

Quando siete arrivati in campeggio? (*due giorni*)
Siamo arrivati due giorni fa. ....

da

fa

fra

1. Da quanto tempo sono a Sorrento i Rossi? (*dieci giorni*)
....

2. Quando tornate a casa? (*una settimana*)
....

3. Quando finiscono le vostre vacanze? (*sei giorni*)
....

4. Quando hai cominciato ad imparare l'italiano? (*un anno*)
....

5. Da quanto tempo non vai a trovare tua madre? (*un mese*)
....

14 Scrivete i sostantivi corrispondenti ai seguenti verbi.

1. cucinare   *la cucina* ....
2. prenotare   ....
3. arrivare   ....
4. partire   ....

5. viaggiare   ....
6. lavorare   ....
7. studiare   ....
8. informare   ....

15 Oggi è il 18 settembre e Luisa è in vacanza nel Veneto. Al telefono racconta ad un'amica che cosa ha già fatto e che cosa ha ancora intenzione di fare. Leggete le informazioni scritte sul calendario e scrivete un breve testo.

Settembre	
15 lunedì	*arrivo in Italia* *pomeriggio a Bolzano*
16 martedì	*Lago di Garda* *barca a vela*
17 mercoledì	*Verona* *concerto*
18 giovedì	*Jesolo* *spiaggia*
19 venerdì	*Venezia* *gita a Murano e a Burano*
20 sabato	*Padova* *Cappella degli Scrovegni*
21 domenica	*ritorno a casa*

«Tre giorni fa sono arrivata in Italia.

....

....

....

....

....

....

....

....

....

....

....

....

....

....» »

16 Scrivete una cartolina agli amici seguendo le indicazioni date!

Siete in vacanza in Toscana, a Siena ◆ Siena è molto bella ◆ il tempo è bello

◆ c'è il sole e fa caldo ◆ ieri siete andati a vedere (la Chiesa di) San Gimignano

Siena

Approfondimento grammaticale

Indice

Accento e intonazione

→ 1 L'accento

Nella maggior parte delle parole italiane l'accento cade sulla penultima sillaba. In alcune parole, invece, l'accento cade sulla terzultima o la quartultima sillaba. Infine, ci sono delle parole che hanno l'accento sull'ultima sillaba. In questo caso la vocale finale deve avere l'accento grafico.

libro, conosco, interessante	■ Accento sulla penultima sillaba
medico, abito, vengono, facile	■ Accento sulla terzultima sillaba
telefonano, abitano	■ Accento sulla quartultima sillaba
città, caffè, novità	■ Accento sull'ultima sillaba

Attenzione: In italiano l'accento è indicato solo in pochi casi. Il segno grafico degli esempi della tabella serve soltanto a facilitare la pronuncia. Inoltre, spesso, quando abbiamo due parole monosillabe che sono uguali, una prende l'accento e l'altra no: *sì* (avverbio) – *si* (pronome), *là* (avverbio) – *la* (articolo femminile).

L'intonazione

Una frase interrogativa e una frase affermativa spesso hanno lo stesso ordine di parole. Quello che cambia è l'intonazione, cioè il tono della voce (vedere curva melodica).

	curva melodica della frase	*tipo di frase*
Mauro abita in Svizzera.		affermazione
Mauro, abita in Svizzera? Abita in Svizzera Mauro?		domanda senza pronome o avverbio interrogativo
Dove abita Mauro?		domanda con pronome o avverbio interrogativo

Il sostantivo

→ 2 Il genere dei sostantivi

In italiano, il sostantivo è maschile o femminile e finisce in vocale, tranne alcune parole straniere.

maschile	*femminile*	
il libro	la casa	■ Sostantivi in **-o** sono normalmente maschili.
il ristorante	la notte	■ Sostantivi in **-a** sono normalmente femminili.
il tennis		■ Sostantivi in **-e** sono o maschili o femminili.
		■ Sostantivi che finiscono per consonante sono pochi e sono normalmente maschili.

Esistono anche:
sostantivi femminili che finiscono in **-o**: *l'auto*, *la foto*, *la radio*;
sostantivi femminili che finiscono in consonante: *l'e-mail*, *la star*, *la pole position*;
sostantivi maschili che finiscono in **-a**: *il cinema*, *il problema*, *il turista*.

→ 3 **Nomi di professioni**

Alcuni nomi di professioni hanno desinenze diverse per il genere femminile e il genere maschile. Altri, invece, hanno uguale desinenza per tutti e due i generi.

maschile	femminile	
l'impiega**to**	l'impiega**ta**	■ La maggior parte dei nomi maschili di professione in **-o** e in **-e** terminano al femminile in **-a**.
l'infermi**ere**	l'infermi**era**	
lo stud**ente**	la stud**entessa**	■ Alcuni nomi maschili in **-e** terminano al femminile in **-essa**.
il dott**ore**	la dott**oressa**	
il programma**tore**	la programma**trice**	■ I sostantivi che al maschile terminano in **-tore** al femminile terminano in **-trice**.
il tass**ista**	la tass**ista**	■ Nomi che al maschile terminano in **-ista**, **-ante**, **-ente** e **-ese** non cambiano, generalmente, al femminile.
l'insegn**ante**	l'insegn**ante**	
il cli**ente**	la cli**ente**	
il fran**cese**	la fran**cese**	

Fate attenzione:

■ Per le professioni *medico*, *ingegnere* e *architetto* c'è solo la forma maschile che si usa anche per le donne:
Maria fa il medico.
La signora Brunetti è un buon ingegnere.
Mia moglie è architetto.

■ Quando i sostantivi *ingegnere*, *dottore* e *professore* sono seguiti dal nome di persona perdono l'ultima vocale (da *-re* in *-r*):
L'ingegner Gambini abita a Firenze.
Le presento il dottor Franchi.
Di dov'è il professor Pancheri?

■ Anche il sostantivo *signore*, spesso seguito dal nome di persona, perde l'ultima vocale (da *-re* in *-r*). Il sostantivo *signora*, invece, è usato molto più spesso da solo:
Buongiorno, signor Fabiani.
Ma: *Mi dica, signora!*

→ 4 **Singolare e plurale**

Singolare	Plurale		
il libr**o**	i libr**i**	o ⇨ i	■ Sostantivi che terminano in **-o** o in **-e** formano normalmente il plurale in **-i**.
il ristorant**e**	i ristorant**i**	e ⇨ i	■ Sostantivi che terminano in **-a**, di solito, finiscono in **e** al plurale.
la nott**e**	le nott**i**		
la cas**a**	le cas**e**	a ⇨ e	■ Sostantivi che finiscono per consonante o per vocale accentata non cambiano al plurale.
il ba**r**	i ba**r**		
la citt**à**	le citt**à**		

Alcuni sostantivi sono usati quasi sempre nella forma singolare o nella forma plurale.
Solo al singolare: *la gente*, *il coraggio*, *il pepe* ed altri.
Solo al plurale: *i pantaloni*, *le ferie*, *i soldi*, *gli spinaci* ed altri.

Particolarità nella formazione del plurale

Singolare	Plurale		
il proble**ma**	i proble**mi**	a ⇔ i	■ Sostantivi maschili in **-a** terminano in **-i** al plurale.
il nego**zio**	i nego**zi**	io ⇔ i	■ Sostantivi che al singolare terminano in **-io** (**i** atona) terminano in **-i** al plurale.
lo z**io**	gli z**ii**	io ⇔ ii	■ Sostantivi che al singolare terminano in **-io** (**i** tonica) terminano in **-ii** al plurale.
il tedes**co**	i tedes**chi**	co ⇔ chi	■ Nei sostantivi in **-co, -go, -ca** e **-ga** si inserisce una **h** al plurale per conservare il suono [k] oppure [g].
l'alber**go**	gli alber**ghi**	go ⇔ ghi	■ Sostantivi maschili in **-co** terminano in **-ci** al plurale se hanno l'accento sulla terzultima sillaba. Fa eccezione : *l'amico - gli amici.*
l'ami**ca**	le ami**che**	ca ⇔ che	
la botte**ga**	le botte**ghe**	ga ⇔ ghe	
il m**e**di**co**	i m**e**di**ci**	co ⇔ ci	
l'aran**cia**	le aran**ce**	cia ⇔ ce	■ Sostantivi in **-cia/-gia** terminano al plurale in **-ce/-ge** quando prima della **c** e della **g** c'è una consonante. Terminano al plurale in **-cie/-gie** quando prima della **c** e della **g** c'è una vocale o quando la **i** è accentata.
la spiag**gia**	le spiag**ge**	gia ⇔ ge	
la cami**cia**	le cami**cie**	cia ⇔ cie	
la farma**cia**	le farma**cie**	cia ⇔ cie	

Alcuni sostantivi hanno una forma irregolare al plurale: *la moglie - le mogli, l'uomo - gli uomini.*

L'articolo

→5 **Articolo indeterminativo e determinativo**

	Articolo indeterminativo	Articolo determinativo	
		Singolare	Plurale
maschile			
davanti a una consonante	**un** libro	**il** libro	**i** libri
davanti a una vocale	**un** amico	**l'**amico	**gli** amici
davanti a **s** + consonante	**uno** studente	**lo** studente	**gli** studenti
davanti a **z, gn, y, ps**	**uno** zio	**lo** zio	**gli** zii
femminile			
davanti a una consonante	**una** casa	**la** casa	**le** case
davanti a una vocale	**un'**amica	**l'**amica	**le** amiche

■ Sostantivi con suono iniziale **gn, y** e **ps**: *gli gnocchi, lo yoga, lo psicologo.*

→6 **Uso dell'articolo determinativo**

Le presento **la** signora Rossi.
Il signor Gambini oggi non viene.
Il dottor Rivelli è di Torino.
But: Buongiorno, signor Rossi.

In italiano mettiamo l'articolo determinativo con:
■ *signore/signora* + nome di persona;
■ il titolo professionale + nome di persona (vedere anche il *Punto 3 –Nomi di professioni*). Quando parliamo a qualcuno direttamente non usiamo l'articolo;

L'Italia è bella.
Conosci **la** Liguria / **la** Sardegna?
But: Andiamo in Toscana.

Sono **le** dieci. / È **l'**una.

Parli bene **l'**italiano.

C'è **la** piscina?
Non ho **la** macchina.

Ti piace **la** musica classica?

Ecco **il** mio collega Carlo.

- i nomi di paesi, regioni e molte grandi isole. Non mettiamo l'articolo quando c'è la preposizione *in* (vedere anche il *Punto 27* a p. 164);

- l'indicazione dell'ora (vedere anche il *Punto 30* a p. 167);

- le lingue;

- qualcosa che c'è o che fa parte di qualcos'altro oppure per indicare quello che si ha;

- i nomi comuni;

- l'aggettivo possessivo (vedere anche il *Punto 10* a p. 157).

→ **7** **Preposizioni articolate (preposizione semplice + articolo determinativo)**

Le preposizioni *a*, *da*, *di*, *in* e *su* formano un'unica parola con l'articolo determinativo. Per esempio:
a + il = al *cinema*, **da + il = dal** *parrucchiere*, **di + le = delle** *foto*.

	il	l'	lo	la	i	gli	le
a	al	all'	allo	alla	ai	agli	alle
da	dal	dall'	dallo	dalla	dai	dagli	dalle
di	del	dell'	dello	della	dei	degli	delle
in	nel	nell'	nello	nella	nei	negli	nelle
su	sul	sull'	sullo	sulla	sui	sugli	sulle

- A volte la preposizione *con* forma un'unica parola con l'articolo *il* e *i*: *col padre*, *coi bambini*. Per l'uso delle preposizioni vedere anche i *Punti 27*, *28* e *29*.

→ **8** **L'articolo partitivo**

C'è ancora **del** pane?
Compro **della** mortadella.

Vorrei **dei** pomodori.
Prendo **delle** arance.

- Usiamo l'articolo partitivo per indicare una parte di una quantità. Si forma con la preposizione *di* + l'articolo determinativo.
- Non usiamo l'articolo partitivo nelle frasi negative: **Non ci sono pomodori**.

→ **9** **La preposizione *di* con termini di quantità, misura e peso**

un litro **di** olio d'oliva
tre etti **di** salame

un pacco **di** biscotti
due bottiglie **di** vino

- Tra i termini che indicano la quantità, la misura o il peso (per esempio *scatola*, *pacco*, *lattina*, *bottiglia*, *litro*, *chilo*, *etto*) di una cosa e il sostantivo che segue, mettiamo la preposizione *di*. Anche con *un po'*: *un po' di basilico*.

Fate attenzione:
Davanti a **mezzo/mezza** non mettiamo l'articolo: *Vorrei mezzo chilo d'uva*.

→ 10 Gli aggettivi possessivi

Sostantivo al singolare		Sostantivo al plurale	
maschile	*femminile*	*maschile*	*femminile*
il mio amico	la mia amica	i miei amici	le mie amiche
il tuo	la tua	i tuoi	le tue
il suo / il Suo	la sua / la Sua	i suoi / i Suoi	le sue / le Sue
il nostro	la nostra	i nostri	le nostre
il vostro	la vostra	i vostri	le vostre
il loro	la loro	i loro	le loro

- Gli aggettivi possessivi concordano in genere e numero con il nome che accompagnano: **il suo** *lavoro* (di lui o di lei), **la sua** *famiglia* (di lui o di lei), **le mie** *vacanze*. Soltanto *loro* è invariabile.
- Quasi sempre, prima dell'aggettivo possessivo c'è l'articolo determinativo. L'articolo non c'è con i nomi di parentela al singolare, ma è obbligatorio al plurale: **mio** *fratello*, **nostra** *zia*, *ma*: **i miei** *fratelli*, **le nostre** *zie*.
  L'articolo è obbligatorio anche con l'aggettivo possessivo *loro*: **il loro** *figlio*.
- Quando parliamo a qualcuno in modo formale usiamo *Suo (Sua, Suoi, Sue)*, per una sola persona: *Signora*, *ecco* **la Sua** *camera*. *Vostro (vostra, vostri, vostre)*, per più persone. In situazioni formali possiamo usare comunque anche *loro*: *Signori*, *ecco* **la vostra/la loro** *camera*.

L'aggettivo

→ 11 Singolare e plurale

Secondo le loro desinenze, in italiano ci sono due gruppi di aggettivi:

Singolare	Plurale		
svizzero	svizzeri	o ⇔ i	■ Aggettivi a quattro desinenze: maschile singolare **-o**, femminile singolare **-a**; maschile plurale **-i**, femminile plurale **-e**.
svizzera	svizzere	a ⇔ e	
olandese	olandesi	e ⇔ i	■ Aggettivi a due desinenze: maschile e femminile singolare **-e**; maschile e femminile plurale **-i**.

→ 12 Concordanza dell'aggettivo con il sostantivo

Singolare	Plurale	
un lavoro creativo	dei lavori creativi	■ Gli aggettivi concordano, in genere e numero, con il sostantivo che accompagnano.
una persona creativa	delle persone creative	
un lavoro interessante	dei lavori interessanti	
una persona interessante	delle persone interessanti	
Il negozio è chiuso.	I negozi sono chiusi.	
La banca è chiusa.	Le banche sono chiuse.	

L'aggettivo è maschile quando accompagna nomi di genere diverso: *I negozi e le banche sono chiusi*.

Per indicare il grado massimo di una qualità aggiungiamo **-issimo/-a** e togliamo all'aggettivo la vocale finale: *La pizza è buonissima*.

Particolarità nella formazione del plurale

La formazione del plurale degli aggettivi che terminano in **-co**, **-go**, **-gio** segue le stesse regole dei sostantivi (vedere anche il *Punto 4* a p. 155).

Singolare		Plurale		
maschile	*femminile*	*maschile*	*femminile*	
tedes**co**	tedes**ca**	tedes**chi**	tedes**che**	co / ca ⟺ chi / che
lun**go**	lun**ga**	lun**ghi**	lun**ghe**	go / ga ⟺ ghi / ghe
austri**co**	austri**ca**	austri**ci**	austri**che**	co / ca ⟺ ci / che
gri**gio**	gri**gia**	gri**gi**	gri**gie**	gio / gia ⟺ gi / gie

→ 13 Aggettivi di colore

Singolare	Plurale
un vestito ross**o**	dei pantaloni ross**i**
una gonna ross**a**	delle scarpe ross**e**
un vestito blu	dei pantaloni blu
una gonna blu	delle scarpe blu

- La maggior parte degli aggettivi di colore concordano, come gli altri aggettivi, in genere e numero con il sostantivo che accompagnano (*azzurro*, *bianco*, *celeste*, *giallo*, *grigio*, *nero*, *rosso* e *verde*; nella lingua parlata anche *arancione* e *marrone*).
- Non cambiano, invece, i seguenti aggettivi di colore: *beige*, *blu*, *rosa*, *viola*.

La posizione dell'aggettivo

Nella lingua italiana, l'aggettivo viene collocato, di solito, immediatamente vicino al nome che accompagna.

Uno studente **italiano** Un vestito **bianco** Un tè **freddo** La musica **classica** Un lavoro **interessante**	■ Gli aggettivi che esprimono una caratteristica, la nazionalità, il colore e la forma seguono il sostantivo.
Una **grande** piscina Un **piccolo** albergo *Ma*: Un vestito **troppo piccolo** Una pizzetta **molto buona** Una casa **grande** e **bella**	■ Quando aggettivi come: *bello*, *brutto*, *buono*, *grande*, *piccolo*, *giovane*, *lungo*, sono accompagnati da un avverbio (per esempio *molto*, *poco*, *troppo*) seguono il sostantivo.

→ 14 L'avverbio

L'avverbio serve a modificare o a specificare il significato della frase. È invariabile e può riferirsi a un verbo, a un aggettivo, a un altro avverbio o ad un'intera frase.

Mio marito cucina **raramente**.
Siamo **proprio** contenti.
Sto **abbastanza bene**.
Naturalmente, tutti lo devono fare.

Distinguiamo gli avverbi semplici e gli avverbi derivati. Gli avverbi semplici come *qui*, *adesso*, *sempre*, *bene*, *male*, *sopra*, *sotto*, *tardi*, *spesso* e gli avverbi derivati da un aggettivo con l'aggiunta del suffisso *-mente*.

Aggettivo	Avverbio	
vero / vera	**veramente**	■ Aggiungiamo il suffisso **-mente**
veloce	**velocemente**	• con gli aggettivi in **-o** alla forma femminile;
		• con gli aggettivi in **-e** alla forma invariata dell'aggettivo

- ■ Gli aggettivi che terminano in **-le** e **-re** perdono la vocale finale:
  naturale - naturalmente, *particolare - particolarmente*
- ■ Agli aggettivi *buono* e *cattivo* corrispondono gli avverbi *bene* e *male*:
  La pizza è molto buona. - *All'osteria Da Franco abbiamo mangiato molto* bene.
  Oggi sono di cattivo umore. - *Sto abbastanza* male.

I pronomi personali

I pronomi personali sostituiscono all'interno della frase un soggetto (come per esempio: *io*, *tu*, *lui*) o un oggetto (come per esempio: *me*, *te*, *lui*).

→ **15** I pronomi personali come soggetto

Singolare	Plurale	
io	noi	Quando parliamo a qualcuno in modo formale (forma di cortesia), usiamo
tu	voi	■ la terza persona singolare per una sola persona: *È di Milano anche Lei?*
lui	loro	
lei		■ la seconda persona plurale per più persone: *Siete di Milano anche voi?*
Lei		

Fate attenzione:

In italiano, a differenza di altre lingue europee come l'inglese, il francese o il tedesco, la presenza all'interno della frase del pronome personale soggetto non è necessaria. Infatti, spesso è la desinenza del verbo che indica la persona del soggetto: *Lavoro a casa.*

È, invece, necessario mettere il pronome personale soggetto per ragioni di chiarezza, per dare enfasi, dopo *anche* e *neanche* oppure quando manca il verbo: *Io sono di Milano. E tu?*

→ **16** I pronomi personali come oggetto (pronomi diretti) alla terza persona singolare e plurale

Singolare	Plurale	
lo	li	■ Di solito, mettiamo i pronomi diretti prima del verbo:
la	le	**Li** *posso provare?*
La		

Fate attenzione:

- ■ Mettiamo la negazione *non* prima del pronome diretto: **Non li** *prendo*.
  I pronomi *lo*, *la*, *li* e *le* concordano in genere e numero con la persona o l'oggetto che sostituiscono:
  Conosci il signor Carlini? – *No*, *non* **lo** *conosco*.
  Quando vedi Antonella? – **La** *vedo domani*.
  Prendi tu i biglietti? – *Sì*, **li** *prendo io*.

Chi compra le fettuccine? - **Le** *posso comprare io.*
Il pronome *lo* può sostituire anche un'intera frase: ***Chi viene alla festa? - Non lo so***.

→ 17 Gli interrogativi

		Usiamo l'interrogativo
chi?	Chi è venuto alla tua festa?	■ per persone
che cosa?	Che cosa prendi?	■ per cose e fatti
come?	Come sono le fettuccine?	■ per la qualità/caratteristica (cose) e il modo di essere/carattere (persone)
dove?	Dove abiti? Dove andiamo stasera?	■ per il luogo, la direzione
di dove?	Di dove sei?	■ per il luogo di provenienza
quando?	Quando arrivate a Roma?	■ per il tempo (ora, giorno e così via)
quale? quali?	Quale cantante ti piace? Quali pantaloni ti piacciono?	■ per persone o cose che fanno parte di un insieme
quanto? quanta? quanti? quante?	Quanto costano? Quanta uva vuole? Quanti peperoni? Quante bottiglie?	■ per la quantità o il numero (fate attenzione: quanto concorda in genere e numero con il sostantivo che accompagna)
come mai? perché?	Come mai vai a Firenze? Perché non vieni alla festa?	■ per il motivo, la causa o lo scopo

- Al posto di *che cosa?* nella lingua parlata usiamo spesso *cosa?* e *che?*: *Cosa vuoi? Che vuoi?*
- Gli interrogativi *dove?* e *come?* prendono normalmente l'apostrofo se la parola seguente comincia per e: *Dov'è Maria? Com'è la pizza?*
- Usiamo il pronome interrogativo *quanto?* anche per chiedere l'età: *Quanti anni hai?*

Il verbo

Secondo la desinenza dell'infinito ci sono tre gruppi di verbi:
- prima coniugazione in *-are*
- seconda coniugazione in *-ere*
- terza coniugazione in *-ire*.

-are	-ere	-ire
lavor**are**	ved**ere**	fin**ire**

Il presente

→ 18 Verbi regolari

	-are	-ere	-ire	
	lavorare	prendere	aprire	finire
io	lavoro	prendo	apro	finisco
tu	lavori	prendi	apri	finisci
lui, lei, Lei	lavora	prende	apre	finisce
noi	lavoriamo	prendiamo	apriamo	finiamo
voi	lavorate	prendete	aprite	finite
loro	lavorano	prendono	aprono	finiscono

- In italiano, usiamo spesso il verbo senza il pronome personale soggetto: *Lavoro in banca*. Usiamo il pronome personale soggetto quando vogliamo sottolineare il suo ruolo nell'azione: *Io prendo un caffè, e tu?* (vedere anche il *Punto 15* a p. 159).
- Quando parliamo a qualcuno in modo formale usiamo:
  - la terza persona singolare del verbo per una persona: *Dove lavora?*
  - la seconda persona plurale del verbo per più persone: *Quando venite?*
- Dei verbi in **-ire** esistono due gruppi:
  Come *aprire*: *sentire*, *partire*.
  Come *finire* (e aggiungiamo **-isc-**): *capire*, *preferire*, *pulire*.
  Fate attenzione: La pronuncia di **-isc-** cambia secondo la vocale che segue:
  finisco [-sko], *finisci* [-ʃi], *finisce* [-ʃe], *finiscono* [-skono].

Verbi particolari

	cercare	pagare	mangiare	leggere	conoscere
io	cerco	pago	mangio	leggo	conosco
tu	cerchi	paghi	mangi	leggi	conosci
lui, lei, Lei	cerca	paga	mangia	legge	conosce
noi	cerchiamo	paghiamo	mangiamo	leggiamo	conosciamo
voi	cercate	pagate	mangiate	leggete	conoscete
loro	cercano	pagano	mangiano	leggono	conoscono

- Con i verbi in **-care** e **-gare** la pronuncia della **c** [k] oppure della **g** [g] non cambia. Per conservare la pronuncia mettiamo quindi una **h** davanti alla **i**.
- I verbi in **-iare** hanno soltanto una **i** alla seconda persona singolare (tu) e alla prima persona plurale (noi).
- Con i verbi in **-gere** e **-scere** cambia la pronuncia della **g** e di **sc** secondo la vocale che segue (**e** o **i/e**): *leggo* [-go], *leggi* [-dʒi], *legge* [-dʒe]; *conosco* [-sko], *conosci* [-ʃi], *conosce* [-ʃe].

→ 19 I verbi *avere* ed *essere*

	avere	essere
io	ho	sono
tu	hai	sei
lui, lei, Lei	ha	è
noi	abbiamo	siamo
voi	avete	siete
loro	hanno	sono

I verbi *avere* ed *essere* sono irregolari. Ovviamente, anche nel caso del verbo *avere*, non pronunciamo la *h*. Altri verbi irregolari al *Punto 31* a p. 168.

→ 20 *Esserci: c'è e ci sono*

C'è una banca qui vicino?
C'è Marco?
Ci sono solo due alberghi.
Di fronte alla stazione c'è la posta.
Ma: La posta è di fronte alla stazione.

Usiamo spesso il verbo *essere* insieme con la particella *ci*. Al singolare *esserci* ha la forma *c'è*, al plurale *ci sono*.

→ 21 Il verbo *piacere*

Mi piace leggere.
Le piace la pizza?
Ti piacciono queste scarpe?

Usiamo il verbo *piacere*, di solito, alla terza persona singolare o plurale.

→ 22 Verbi modali

	potere	dovere	volere
io	posso	devo	voglio
tu	puoi	devi	vuoi
lui, lei, Lei	può	deve	vuole
noi	possiamo	dobbiamo	vogliamo
voi	potete	dovete	volete
loro	possono	devono	vogliono

I verbi modali *potere*, *dovere* e *volere* sono irregolari. Il verbo che segue deve essere sempre all'infinito: *Devo lavorare*.

Fate attenzione:
Al posto di *voglio* usiamo spesso *vorrei*:
Vorrei andare a Roma.
Vorrei un caffè.

→ 23 Verbi riflessivi

I verbi riflessivi sono accompagnati da un pronome riflessivo. Il pronome e la desinenza del verbo devono corrispondere.

	riposar**si**	
io	**mi**	riposo
tu	**ti**	riposi
lui, lei, Lei	**si**	riposa
noi	**ci**	riposiamo
voi	**vi**	riposate
loro	**si**	riposano

- Mettiamo il pronome riflessivo immediatamente prima del verbo:
Mia sorella si *chiama Maria*.
- Mettiamo la negazione *non* prima del pronome + verbo:
In discoteca non mi *diverto*.

→ 24 Il passato prossimo

Il *passato prossimo* è un tempo del passato. È formato dal presente indicativo dell'ausiliare *avere* o *essere* + il participio passato del verbo.

> Ieri **ho incontrato** Marco e **siamo andati** al cinema insieme.

La formazione del Participio Passato

Infinito	lavor**are**	av**ere**	fin**ire**	■ I participi regolari dei verbi in **-are**, **-ere** e **-ire** finiscono in **-ato**, **-uto** e **-ito**.
Participio	lavor**ato**	av**uto**	fin**ito**	*Attenzione:* **Conoscere - conosciuto**

Molti verbi, soprattutto della seconda coniugazione in **-ere**, hanno le forme del participio passato irregolari (vedere anche il *Punto 32* a p. 168).
Fra essi, per esempio, troviamo:

Infinito	chiudere	dire	essere	fare	leggere	prendere	scrivere	vedere	venire
Participio	chiuso	detto	stato	fatto	letto	preso	scritto	visto	venuto

La formazione del *passato prossimo*

	avere + *Participio passato*		essere + *Participio passato*	
io	ho		sono	anda**to**
tu	hai		sei	anda**ta**
lui, lei, Lei	ha	lavora**to**	è	
noi	abbiamo		siamo	anda**ti**
voi	avete		siete	anda**te**
loro	hanno		sono	

■ Con il *passato prossimo* con *avere*, il participio passato rimane invariato:
Maria e Paolo hanno lavorato *molto*.
Con il *passato prossimo* con *essere* il participio passato concorda in genere e numero con il soggetto:

Il signor Conti è andato *al lavoro*.   **Luisa non** è andata *a scuola*.
Maria e Paolo sono andati *a Roma*.   **Le colleghe** sono andate *a casa*.

La negazione

→ 25 La negazione semplice con *no* e *non*

Sei di Roma? **No**, sono di Napoli. Perché **no**?	■ Usiamo l'avverbio di negazione *no* per sostituire un'intera frase.
Oggi **non** devo lavorare. **Non** ho tempo. **Non** lo so.	■ Mettiamo l'avverbio di negazione *non* sempre prima del verbo o prima del pronome + verbo.

→ 26 **La doppia negazione**

| Oggi **non** mangio **niente**.
Paolo **non** esce **mai** con noi. | Quando c'è una doppia negazione, mettiamo **non** sempre prima del verbo e **niente** o **mai** sempre dopo il verbo. |

- Non usiamo il **non** quando **niente** o **mai** sono da soli o all'inizio di una frase:
  Che cosa hai fatto? - Niente.

Preposizioni

→ 27 **Indicatori di luogo**

a	Sono **a** Roma. Vado **alla** posta. Sono stato **a** Malta, **a** Creta, ...	città luogo la maggior parte delle isole
in	Sono **in** Italia. Vado **in** Toscana. Vorrei andare **in** Sicilia, **in** Sardegna, ... La banca è **in** via Verdi.	paese regione alcune isole strada/piazza
di	Sono **di** Roma.	luogo natio
da	Sono **da** Paolo. Vado **dal** dentista. Vengo **da** Pisa. Vengo **dal** dentista.	persona punto di partenza (luogo/persona)
per	Un biglietto **per** Firenze. Scusi, **per** il centro?	luogo di destinazione/meta
su	Il libro è **sul** tavolo. Andiamo **sulle** Dolomiti.	posizione montagna/lago

Fate attenzione:
- Davanti ai nomi di città e di molte isole usiamo la preposizione *a* senza articolo: *a Venezia*, *a Stromboli*.
- La preposizione *in* si usa normalmente senza articolo davanti ai nomi di paesi, regioni o di alcune grandi isole: *in Svizzera*, *in Calabria*, *in Sardegna*.
  Ma: *negli Stati Uniti*, *nel Friuli Venezia Giulia*, *nelle Marche*.
- Ugualmente senza articolo si usa *in* con i nomi di strada/piazza:
  in via Bosco, *in piazza Tasso*.
- Con laghi e montagne usiamo preposizioni diverse:
  al/sul lago di Garda, *nelle/sulle Alpi*.

Altri indicatori di luogo:

dopo	**dopo** il semaforo
sotto	**sotto** il ponte
accanto a	**accanto all**'edicola
davanti a	**davanti al** cinema
di fronte a	**di fronte alla** stazione
fino a	**fino all**'incrocio
intorno a	**intorno alla** casa
vicino a	**vicino alla** posta

→ 28 Indicatori di tempo

a	Il treno parte **alle** 10.15.
da	Lavoro qui **da** tre anni.
da ... a	Lavoro **dalle** 9 **alle** 17. Il museo è chiuso **dal** 3 **al** 25 agosto.
fa	Siamo arrivati due giorni **fa**.
fra	Vengo **fra** un'ora.
in	È nato **nel** 1995 Paolo va in ferie **in** luglio.
verso	Torniamo **verso** le 8.

Fate attenzione:

- *Fa* segue sempre il sostantivo: *un'ora fa*.
- Con i nomi di mese normalmente non usiamo l'articolo: *maggio*, *in maggio*.
- Con l'anno mettiamo l'articolo determinativo: *il 1995* (l'anno 1995), *nel 1995* (nell'anno 1995).

Altri tipi di relazioni

→ 29 Altre funzioni delle preposizioni *a*, *di* e *da*

		Esprime, indica:
a	una camicia **a** quadri	caratteristica, qualità particolare
di	il cellulare **di** Marco un maglione **di** lana un chilo **di** zucchini Compro **del** pane	proprietà, possesso materia quantità/peso (vedere anche il *Punto 9* a p. 156) articolo partitivo (vedere anche il *Punto 8* a p. 156)
da	scarpe **da** tennis un vestito **da** 150 euro	scopo, destinazione, uso prezzo, stima, valore

Le preposizioni

per	Ecco una lettera **per** Giulia. Sono qui **per** imparare l'italiano. Sono qui **per** lavoro.	destinazione scopo, fine, motivo
con	Vengo **con** mia moglie.	compagnia, relazione
senza	Parto **senza** Marco.	privazione

Numeri e indicatori di tempo

I numeri cardinali

0 zero		**19** diciannove		**101** centouno	
1 uno		**20** venti		**142** centoquarantadue	
2 due		**21** ventuno		**198** centonovantotto	
3 tre		**22** vendidue		**200** duecento	
4 quattro		**23** ventitré		**300** trecento	
5 cinque		**24** ventiquattro		**900** novecento	
6 sei		**25** venticinque		**1000** mille	
7 sette		**26** ventisei		**2000** duemila	
8 otto		**27** ventisette		**10.000** diecimila	
9 nove		**28** ventotto		**1.000.000** un milione	
10 dieci		**29** ventinove		**2.000.000** due milioni	
11 undici		**30** trenta		**1.000.000.000** un miliardo	
12 dodici		**40** quaranta			
13 tredici		**50** cinquanta			
14 quattordici		**60** sessanta			
15 quindici		**70** settanta			
16 sedici		**80** ottanta			
17 diciassette		**90** novanta			
18 diciotto		**100** cento			

La data

Il **1997** è stato un anno pieno di sorprese.
(il millenovecentonovantasette)
Sono nato **nel 1980**. (nel millenovecentoottanta)

Oggi è **il 5 ottobre**. (il cinque ottobre)
Maria è nata **il 2 marzo 1973**. (il due marzo)
Sono arrivato **il 1º maggio**. (il primo maggio)
Vado a Torino **dall'8 al 24 agosto**. (dall'otto al ventiquattro)

- Quando parliamo dell'anno mettiamo sempre l'articolo determinativo.
- Per esprimere la data si usa l'articolo determinativo + il numero cardinale. Fa eccezione: *il 1º* (*il primo*)
- Nelle lettere la data si scrive così:
  Novara, 18 giugno 2003 oppure *Novara, 18/6/2003*.

Che ore sono? / Che ora è?

8.00/20.00	Sono **le** otto./Sono **le** venti.	■ Per rispondere alla domanda *Che ore sono?/ Che ora è?* si usa l'articolo determinativo *le* oppure *l'* (per l'una).
1.00/13.00	È **l'una**./Sono **le** tredici.	

12.00	È mezzogiorno.	■ Con **mezzogiorno** e **mezzanotte** non si usa l'articolo.
24.00	È mezzanotte.	

14.30	Sono le due e **mezzo / mezza**.	■ Con **mezzo / mezza** non mettiamo l'articolo, mentre **un quatro** prende sempre l'articolo indeterminativo.
17.15	Sono le cinque e **un quarto**.	
17.55	Sono le sei **meno** cinque.	
18.05	Sono le sei **e** cinque.	

A che ora?	■ Per rispondere alla domanda *a che ora*? si usa la preposizione *a* + l'articolo determinativo: *alle sei*. Con *mezzogionro* e *mezzanotte* usiamo soltanto *a*.
Il museo chiude **alle** sei.	
Vengo **a** mezzogiorno / **a** mezzanotte.	

Lavoro **dalle** nove **alle** quattro.	■ Per indicare un periodo di tempo usiamo le preposizioni *da ... a* + articolo determinativo

Approfondimento grammaticale

Appendice : Lista dei verbi irregolari

→ 31 Verbi irregolari al presente indicativo

andare	avere	bere	dare	dire
vado	ho	bevo	do	dico
vai	hai	bevi	dai	dici
va	ha	beve	dà	dice
andiamo	abbiamo	beviamo	diamo	diciamo
andate	avete	bevete	date	dite
vanno	hanno	bevono	danno	dicono

dovere	essere	fare	piacere	potere
devo	sono	faccio	piaccio	posso
devi	sei	fai	piaci	puoi
deve	è	fa	piace	può
dobbiamo	siamo	facciamo	piacciamo	possiamo
dovete	siete	fate	piacete	potete
devono	sono	fanno	piacciono	possono

sapere	stare	uscire	venire	volere
so	sto	esco	vengo	voglio
sai	stai	esci	vieni	vuoi
sa	sta	esce	viene	vuole
sappiamo	stiamo	usciamo	veniamo	vogliamo
sapete	state	uscite	venite	volete
sanno	stanno	escono	vengono	vogliono

→ 32 Verbi irregolari al participio passato

aprire	aperto	essere	stato	rispondere	risposto
bere	bevuto	fare	fatto	scrivere	scritto
chiudere	chiuso	leggere	letto	sorridere	sorriso
convincere	convinto	mettere	messo	vedere	visto
dire	detto	nascere	nato	venire	venuto
discutere	discusso	prendere	preso	vivere	vissuto

Glossario per unità

Qui trovate raccolte le parole di ogni unità e accanto ad ognuna lo spazio per scrivere la traduzione nella vostra lingua. Le parole seguono l'ordine in cui compaiono all'interno di ogni singola unità. In italiano l'accento di parola, di solito, cade sulla penultima sillaba. Nelle parole per cui non è valida questa regola la vocale accentata è indicata con un trattino (ad esempio: essere). L'accento è, inoltre, evidenziato nei nomi di persona, di luogo, città, regione, paese e in alcune parole che possono creare dei dubbi (ad esempio: farmacia).

Abbreviazioni

avv. avverbio ....
f. femminile ....
inf. infinito ....
m. maschile ....
pl. plurale ....
q.c. qualcosa ....
qu. qualcuno ....
sg. singolare ....

UNITÀ 1 *Come va?*

come va? ....
come ....
va (*inf.* andare) ....
guardate (*inf.* guardare) ....
e ....
ascoltate (*inf.* ascoltare) ....
la foto ....
buongiorno, signora! ....
buongiorno, signor Cervi ....
arrivederci ....
ciao ....
come stai? (*inf.* stare) ....
che cosa ....
dicono (*inf.* dire) ....
le persone (*sg.* - la persona) ....
salutare ....

A1

i dialoghi (*sg.* - il dialogo) ....
quale (*pl.* - quali) ....
usano (*inf.* usare) ....
io sto bene (*inf.* stare) ....
io ....
bene (*avv.*) ....
e tu? ....
tu ....
abbastanza (*avv.*) ....
come sta? (*inf.* stare) ....
non c'è male ....
grazie ....
e Lei? ....
Lei ....
di nuovo ....
la fotografia ....

A2

completate (*inf.* completare) ....
le forme verbali ....
che ....
mancano (*inf.* mancare) ....
stare ....
lui ....
lei ....
benissimo (*avv.*) ....
così così ....
insomma ....

A3

lavorate in gruppi (*inf.* lavorare) ....
il gruppo ....
formate (*inf.* formare) ....
piccoli (*sg.* - piccolo) ....
a turno ....
salutate (*inf.* salutare) ....
chiedete (*inf.* chiedere) ....
al/ alla vostro/-a compagno/-a ....
il compagno (*f.* - la compagna) ....
scegliete (*inf.* scegliere) ....
voi ....
se ....
la forma del tu ....
la forma del Lei ....

A4

mini dialoghi (*sg.* - mini dialogo) ....
buonasera ....

B

piacere! ....

B1

(tu) sei (*inf.* essere) ....
..., vero? ....
vero/ -a ....
sì ....
(io) sono (*inf.* essere) ....
questo/ -a ....
(lui / lei) è (*inf.* essere) ....
un'altra collega ....
altro/ -a ....
il/ la collega ....
gli italiani (*sg.* - l'italiano) ....
nella vostra lingua? ....

B2

inserite (*inf.* inserire) ....
essere ....

B3

in classe ....
la classe ....
fate (*inf.* fare) ....
conoscenza ....

di banco ....

poi ....

presentatelo (*inf.* presentare) ....

lo/ la ....

altri/ -e ....

formate delle frasi ....

la frase ....

tre ....

le parole (*sg.* - la parola) ....

C

Le presento il signor ....

C1

presentare qu. a qu. ....

l'ingegnere (*m./f.*) ....

il signor Rivelli ....

l'ingegner Gambini ....

molto lieto/ -a ....

molto (*avv.*) ....

C2

l'articolo determinativo ....

quando ....

usiamo (*inf.* usare) ....

davanti a ....

titoli professionali ....

no ....

C3

i seguenti ....

biglietti da visita (*sg.* - biglietto da) ....

l'architetto (*m./f.*) ....

l'avvocato (*m./f.*) ....

la dottoressa (*m.* - il dottore) ....

lo studio legale ....

adesso (*avv.*) ....

lavorate in coppia ....

la coppia (*pl.* - le coppie) ....

leggete (*inf.* leggere) ....

insieme ....

C4

l'esempio (*pl.* - gli esempi) ....

C5

prendete appunti (*inf.* prendere) ....

l'appunto ....

le espressioni (*sg.* - l'espressione) ....

imparate (*inf.* imparare) ....

finora (*avv.*) ....

chiedere ....

presentare se stessi o altri ....

dire come si sta ....

C6

la conversazione ....

siete (*inf.* essere) ....

una festa ....

amici e conoscenti ....

l'amico/ -a ....

loro ....

come stanno (*inf.* stare) ....

vi accompagna (*inf.* accompagnare) ....

gli invitati (*sg.* - l'invitato) ....

D

dove abiti? (*inf.* abitare) ....

dove ....

D1

le città nominate ....

le città (*sg.* - la città) ....

ma ....

abito qui a Perugia (*inf.* abitare) ....

qui (*avv.*) ....

sono di ... .

di dove sei? ....

di dove ....

anche ....

(lui / lei) abita (*inf.* abitare) ....

davvero? ....

però ....

non è di Firenze ....

non (*avv.*) ....

D2

rispondete (*inf.* rispondere) ....

le domande (*sg.* - la domanda) ....

D3

abitare ....

lei di dov'è? ....

D4

indicate (*inf.* indicare) ....

soltanto ....

le regioni (*sg.* - la regione) ....

come si chiamano...? (*inf.* chiamarsi) ....

Venezia ....

Bologna ....

Milano ....

Roma ....

Napoli ....

Torino ....

Palermo ....

il Lazio ....

la Liguria ....

la Toscana ....

la Sardegna ....

il Veneto ....

la Sicilia ....

la Lombardia ....

la Calabria ....

l'Umbria ....

E

sono olandese ....

olandese ....

E1

i messaggi (*sg.* - il messaggio) ....

di questi ragazzi ....

questi/ -e ....

il ragazzo (*f.* - la ragazza) ....

discutono (*inf.* discutere) ....

potete (*inf.* potere) ....

due ....

ciao a tutti! ....

tutti/ -e ....

cercare q.c./qu. ....

italiano/ -a ....

per ....

l'amicizia ....

sono inglese ....

inglese ....

studio in Italia (*inf.* studiare) ....

abito in Svizzera ....

al 100% ....

salve ....

tedesco/ -a ....

chattiamo? (*inf.* chattare) ....

E2

la nazionalità ....

le desinenze (*sg.* - la desinenza) ....

ultima/ -o ....

la lettera (*pl.* - le lettere) ....

l'aggettivo (*pl.* - gli aggettivi) ....

indica (*inf.* indicare) ....

maschile ....

femminile ....

è valido/ -a ....

i generi (*sg.* - il genere) ....

E3

le ipotesi (*sg.* - l'ipotesi) ....

alcune/ -i ....

incontrate ....

stessa/ stesso ....

secondo l'esempio ....

secondo te ....

secondo me ....

svizzero/ -a ....

francese ....

austriaco/ -a ....

spagnolo/ -a ....

E4

brevi (sg. - breve) ....

con le parole date sotto ....

sotto ....

Lugano ....

l'Olanda ....

Rotterdam ....

la Francia ....

Parigi ....

la Germania ....

Stoccarda ....

l'Austria ....

Vienna ....

E5

raccontate (*inf.* raccontare) ....

conoscete (*inf.* conoscere) ....

personaggio ....

famoso/ -a ....

vive (*inf.* vivere) ....

suo/ sua ....

il paese (*pl.* - i paesi) ....

oggi (*avv.*) ....

E6

partecipare ....

compilate (*inf.* compilare) ....

la scheda d'iscrizione ....

il nome (*pl.* - i nomi) ....

il cognome ....

E7

scrivete (*inf.* scrivere) ....

messaggio di presentazione ....

F

come si pronuncia? (*inf.* pronunciare) ....

F1

ripetete (*inf.* ripetere) ....

il centro ....

il giubileo ....

la ciabatta ....

la ghirlanda ....

l'acciuga ....

la galleria ....

la laguna ....

il pacchetto ....

geniale ....

adagio (*avv.*) ....

il giro d'Italia ....

il parmigiano ....

prego ....

il traghetto ....

il Chianti ....

la cura ....

Riccione ....

F2

in base alla loro pronuncia ....

la pronuncia ....

la colonna ....

corretta/ -o ....

vicino/ -a ....

Genova ....

F3

inserire ....

quattro ....

Ricapitoliamo!

realizzate un dialogo (*inf.* realizzare) ....

l'ufficio ....

fanno conoscenza (*inf.* fare) ....

prima volta ....

i saluti (*sg.* - il saluto) ....

le presentazioni ....

la provenienza di ognuno ....

Grammatica ....

lo studente ....

lo zoo ....

UNITÀ 2 *Dove vai?*

dove vai? (*inf.* andare) ....

la carta geografica ....

la cartina ....

A

in treno ....

il treno ....

A1

potete (*inf.* potere) ....

capire ....

tra quali città ....

scusi! ....

siamo già a Pavia? ....

(noi) siamo (*inf.* essere) ....

già ....

Pavia è la prossima ....

prossimo/ -a ....

(voi) siete (*inf.* essere) ....

tedeschi/ -e ....

Francoforte ....

tornate (*inf.* tornare) ....

abitiamo (*inf.* abitare) ....

perciò ....

parlate (*inf.* parlare) ....

l'italiano ....

così ....

A2

noi ....

voi ....

loro ....

A3

mettete una crocetta (*inf.* mettere) ....

le affermazioni corrette ....

confrontare ....

le vostre risposte ....

la risposta ....

A5

una seconda volta ....

perché ....

in viaggio ....

il controllore ....

biglietti, prego ... .

il biglietto ....

per Senigallia devo cambiare? ....

cambiare ....

con ....

vai a ...? (*inf.* andare) ....

vado a ... (*inf.* andare) ....

andare a trovare qu. ....

come mai ....

per lavoro ....

il lavoro ....

beh, veramente ... .

veramente (*avv.*) ....

ancora ....

l'estate (*f.*) ....

lavorare ....

l'albergo ....

A6

andare ....

a passare le vacanze ....

passare ....

le vacanze (*sg.* - la vacanza) ....

per visitare la città ....

visitare ....

per imparare l'italiano ....

imparare ....

A7

con l'aiuto delle informazioni ....

qualcosa sui passeggeri protagonisti ....

il passeggero ....

protagonista ....

A8

scrivete su un foglietto ....

il foglio ....

su voi stessi ....

in seguito ....

uno di voi ....

raccoglie (*inf.* raccogliere) ....

li ....

distribuisce (*inf.* distribuire) ....

alla rinfusa ....

ora ....

avete (*inf.* avere) ....

tra le mani ....

di chi è ....

A9

la meta ....

spiegare ....

quindi ....

Lettura 1

sottolineare ....

capite (*inf.* capire) ....

la lettura ....

le Marche ....

l'Italia centrale ....

sul mare ....

si trova (*inf.* trovarsi) ....

Pesaro ....

Ancona ....

il nord ....

il sud ....

l'ovest ....

verso ....

la montagna ....

ci sono ....

Urbino ....

Gubbio ....

che cosa offre (*inf.* offrire) ....

il luogo ....

la spiaggia (*pl.* - le spiagge) ....

il centro storico ....

importante ....

ben conservato/ -a ....

come arrivarci ....

giungere ....

facile ....

possiamo (*inf.* potere) ....

arrivare ....

l'autostrada ....

la stazione ....

il porto ....

l'aeroporto ....

Lettura 3

vero o falso? ....

falso/ -a ....

lungo/ -a ....

Lettura 4

terzo/ -a ....

il paragrafo ....

il dépliant turistico ....

trovare ....

corrispondono (*inf.* corrispondere) ....

il simbolo (*pl.* - i simboli) ....

B

vorrei prenotare una camera ....

la camera (*pl.* - le camere) ....

B1

abbinare ....

le parole evidenziate ....

il lungomare ....

Dante Alighieri (1265 - 1321) ....

con vista sul mare ....

il mare ....

i servizi (*sg.* - il servizio) ....

l'aria condizionata ....

il parcheggio ....

il ristorante ....

la piscina ....

il giardino ....

privato/ -a ....

il campo da tennis ....

il tennis ....

l'ascensore (*m.*) ....

il servizio in camera ....

per i vostri affari ....

la sala congressi ....

B2

la telefonata ....

il fine settimana ....

la (camera) singola ....

o ....

la (camera) doppia ....

va bene ....

a che nome? ....

venerdì (*m.*) ....

la sera (*pl.* - le sere) ....

a proposito ....

c'è ....

perfetto/ -a ....

solo ....

certo ....

allora ....

la colazione ....

la mezza pensione ....

mezzo/ -a ....

il supplemento ....

per persona ....

B3

la prenotazione ....

l'agenda ....

lunedì (*m.*) ....

martedì (*m.*) ....

mercoledì (*m.*) ....

giovedì (*m.*) ....

sabato (*m.*) ....

domenica (*f.*) ....

B4

chiede (*inf.* chiedere) ....

durante ....

B5

no, non c'è ....

B6

ancora una volta ....

chiudete (*inf.* chiudere) ....

il libro ....

sui servizi ....

B7

chiedere informazioni su un albergo ....

B8

il cliente (*pl.* - i clienti) ....
telefonare ....

C

mi chiamo Price (*inf.* chiamarsi) ....

C1

stasera ....
al nome di ....
come, scusi? ....
ecco ....
la chiave (*pl.* - le chiavi) ....

C2

l'alfabeto ....

C3

usare ....

C4

uno/una ....
dice (*inf.* dire) ....
fa (*inf.* fare) ....

C5

quelle ....
un ultimo controllo ....

D

un po' di fonetica ....

D1

attentamente (*avv.*) ....
la maschera ....
lo sciopero ....
la sciarpa ....
l'asciugamano ....
il fiasco ....
la scala ....
la scuola ....
Ischia ....

D2

l'esercizio ....
lo sciampagna ....
scendere ....
uscire ....
sciocco ....
asciugare ....
lo scandalo ....
lo schema ....
lo scopo ....
la scusa ....

Ricapitoliamo!

una visita guidata ....
Pistoia ....

incontrare ....
il/la turista (*m./f.*) ....
iniziare a ....
dice (*inf.* dire) ....
alloggiare ....
prima di ....

UNITÀ 3 *Ripasso*

il ripasso ....
caro/ -a ....
l'unità ....
il consiglio (*pl.* - i consigli) ....
utile/ -i ....
migliorare ....
vostro/ -a ....
metodo di studio ....

A

impariamo i vocaboli ....
il vocabolo (*pl.* - i vocaboli) ....

A1

l'archivio mobile ....
ricordare ....
meglio ....
creare ....
cioè ....
il quaderno (*pl.* - i quaderni) ....
pensare ....
per esempio ....
l'auto (*pl.* - le auto) ....
amare qu. o q.c. ....
giocare ....
mie/ miei (*f.pl.* / *m.pl.*) ....

A2

la scheda (*pl.* - le schede) ....
organizzate/ -i ....
il tema (*pl.* - i temi) ....
la situazione (*pl.* - le situazioni) ....
come nell'esempio ....
qui accanto ....
dietro ....
la traduzione ....
camera con bagno ....

A3

le parole associate ....
le parole relative ....

A4

e ora provate voi! ....
l'aiuto ....
l'insegnante (*m./f.*) ....
mettere in pratica ....

B1

che testo è questo? ....

grande ....
la comprensione ....
la grafica ....
il titolo ....
che tipo di ....
contiene (*inf.* contenere) ....
prendete (*inf.* prendere) ....
ad esempio ....
primo/ -a ....
bella (*pl.* - belle) ....
quante/ -i ....
è possibile ....

B2

che cosa significa? ....
leggete (*inf.* leggere) ....
straniero/ -a ....
conoscete (*inf.* conoscere) ....
più ....
la parola sconosciuta ....
sconosciuto/ -a ....
l'elenco ....
il modo (*pl.* - i modi) ....
capisco (*inf.* capire) ....
assomigliare ....
la lingua madre ....
conosco (*inf.* conoscere) ....
il contesto ....
il materiale visivo ....
un aiuto per ....

B3

e ora buona lettura! ....
la lettura ....
qui accanto ....
Cefalù ....
in stile mediterraneo ....
lo stile ....
situato/ -a ....
tranquillo/ -a ....
la zona di campagna ....
la campagna ....
pochi/ poche ....
il minuto (*pl.* - i minuti) ....
la gestione familiare ....
la terrazza ....
panoramica/ -o ....
la vista ....
meravigliosa/ -o ....
sul golfo di ....
menù alla carta ....
il menù ....
riservato/ -a ....
attrezzato/ -a ....
la (sedia a) sdraio ....
l'ombrellone ....
gratuito/ -a ....
l'autobus di linea ....

C

il giro delle Marche ....
il gioco ....
le regole (*sg.* - la regola) ....

C1

il giorno (*pl.* - i giorni) ....
com'è ...? ....
ha gravi problemi di ... .
il problema ....
Jesi ....
medievale ....
il pullmann ....
Macerata ....
l'arena Sferisterio ....
l'opera lirica ....
all'aperto ....
perdi un giro (*inf.* perdere) ....
il giro (*pl.* - i giri) ....
Loreto ....
il Santuario della Santa Casa ....
San Benedetto del Tronto ....
Piazza del Popolo ....
Ascoli Piceno ....
la studentessa (*pl.* - le studentesse) ....
l'indirizzo ....
il numero di telefono ....
la camminata ....
i Monti Sibillini ....
vuoi (*inf.* volere) ....
Fabriano ....
il mondo ....
la produzione ....
le bellissime Grotte di Frasassi ....
bellissimo/ -a ....
alla fine ....
l'escursione ....
la guida ....
l'abbazia ....
Fonte Avellana ....
Urbino ....
particolarmente ....
Pesaro ....
il punto di partenza ....

Italia & italiani
Primi contatti
il contatto ....
persone aperte ....
aperto/ -a ....
cordiale/ -i ....
si abbracciano (*inf.* abbracciarsi) ....
si baciano su (*inf.* baciarsi) ....
la guancia ....
si salutano (*inf.* salutarsi) ....
saluto amichevole ....
confidenziale ....
lasciare ....
il mattino ....

la giornata ....
buona giornata ....
buona serata ....
l'augurio ....
la famiglia ....
il/ la giovane (pl. i/ le giovani) ....
spesso (avv.) ....
infatti ....
"diamoci del tu" ....
titolo di rispetto ....
il rispetto ....
(essere) laureato/ -a ....
l'università (pl. - le università) ....
il professore ....
la professoressa ....
insegnare ....
nel caso di ... .
perde (inf. perdere) ....
la vocale (pl. - le vocali) ....

Biglietti, prego!
comprare ....
la biglietteria ....
l'agenzia di viaggi ....
la biglietteria automatica ....
salire ....
evitare ....
la multa ....
convalidare ....
tuo / tua ....
tanti/ -e ....
l'apparecchio (pl. - gli apparecchi) ....
il colore ....
giallo ....
arancione ....
il binario ....
(la stazione) ferroviaria ....

Alloggio
scegliere ....
la pensione ....
il villaggio turistico ....
il campeggio ....
l'agriturismo ....
prenotare ....
bisogna ... che ... .
il letto (pl. - i letti) ....
separato ....
la matrimoniale ....
doppio/ -a ....

UNITÀ 4 *Prendi un caffè?*

prendi un caffè? ....
il caffè ....
ha (inf. avere) ....
il cameriere ....
il vassoio ....
la bevanda (pl. - le bevande) ....

A
prendiamo un aperitivo?
(inf. prendere)
l'aperitivo ....

A1
il disegno (pl. - i disegni) ....
segnare ....
il cibo (pl. - i cibi) ....
vedete (inf. vedere) ....
il panino ....
il gelato ....
l'aranciata ....
il latte macchiato ....
lo spumante ....
l'acqua minerale ....
il cornetto ....
la pasta ....
il succo di frutta ....
il succo ....
la frutta ....
il tramezzino ....
lo zucchero ....

A2
prendono (inf. prendere) ....
il bar ....
la cassiera ....
ma è caro! ....
caro/ -a ....
al banco ....
il banco ....
e va bene ....
alla cassa ....
prendete (inf. prendere) ....
bianco ....
prendi (inf. prendere) ....
anche tu ....
prendo (inf. prendere) ....
la spremuta d'arancia ....
per me ....
il prosecco ....
quant'è? ....
l'euro ....
hai (inf. avere) ....
per caso ....
il centesimo ....
il resto ....
lo scontrino ....

A3
le forme maschili ....
le forme femminili ....
l'articolo indeterminativo ....
prendere q.c. ....
avere ....

A4

immaginare ....

pagare ....

A5

il cappuccino ....

la cioccolata ....

caldo/ -a ....

il tè al limone ....

la camomilla ....

amaro/ -a ....

la coca-cola ....

l'analcolico ....

l'amaro ....

B

i numeri (sg. - il numero) ....

B1

zero ....

cinque ....

sei ....

sette ....

otto ....

nove ....

dieci ....

undici ....

dodici ....

tredici ....

quattordici ....

quindici ....

sedici ....

diciassette ....

diciotto ....

diciannove ....

venti ....

trenta ....

quaranta ....

cinquanta ....

sessanta ....

settanta ....

ottanta ....

novanta ....

cento ....

B2

la tabella ....

il prezzo (pl. - i prezzi) ....

riferito a ... .

C

volete ordinare? (inf. volere) ....

ordinare ....

C2

senta ... scusi ... .

gassato/ -a ....

naturale ....

una minerale ....

io invece prendo ... .

invece ....

la pesca ....

C3

riassumere ....

il bicchiere (pl. - i bicchieri) ....

basta così? ....

basta ....

il sostantivo (pl. - i sostantivi) ....

il plurale ....

notare ....

C4

a coppie ....

l'uno all'altro ....

prese/ -i ....

com'è il caffè? ....

C5

i clienti seduti ....

seduto/ -a ....

il tavolino ....

D1

l'immagine ....

un po' / un poco ....

freddo/ -a ....

accidenti che panino! ....

troppo (avv.) ....

dolce/ -i ....

la pizzetta ....

proprio (avv.) ....

buono/ -a ....

D2

il singolare ....

gli aggettivi qualificativi ....

D3

la birra ....

Ascolto 1

prendete nota ....

dopo ....

quelli ....

Ascolto 2

nuovamente (avv.) ....

Ascolto 3

il caffellatte ....

il pane ....

la marmellata ....

i cereali ....

E1

ventuno ....

ventidue ....

ventitré ....

ventiquattro ....

venticinque ....

ventisei ....

ventisette ....

ventotto ....

ventinove ....

duecento ....

trecento ....

quattrocento ....

cinquecento ....

seicento ....

settecento ....

ottocento ....

novecento ....

mille ....

duemila ....

E3

il ritaglio di giornale ....

il giornale (*pl.* - i giornali) ....

il pranzo ....

la cena ....

un italiano medio ....

l'anno (*pl.* - gli anni) ....

a tavola ....

il primo piatto ....

pasta al sugo di pomodoro ....

il sugo ....

il pomodoro ....

il secondo (piatto) ....

la carne ....

il kg./ chilogrammo/ chilo ....

il contorno ....

l'insalata ....

il dessert ....

la torta ....

da bere ....

la bottiglia di vino ....

il vino ....

la lattina di ....

il litro ....

il latte ....

la tazzina ....

E4

il testo ....

precedente ....

mangiare q.c. ....

beve (*inf.* bere) ....

F

cosa avete di buono oggi? ....

la trattoria ....

F1

un tavolo per due, per favore ....

il tavolo ....

per favore ....

la bruschetta al pomodoro ....

ai funghi (*sg.* - il fungo) ....

di primo ....

il minestrone ....

le orecchiette (*pl.*) ....

al pesto ....

i cannelloni (*pl.*) ....

gli spinaci (*pl.*) ....

di secondo ....

i calamari (*pl.*) ....

alla siciliana ....

il coniglio ....

in umido ....

mah, veramente non so ... .

non so ....

le lasagne ....

mi dispiace ....

dunque ....

provare ....

niente ....

mezzo litro ....

il vino della casa ....

i piatti del giorno ....

il pesce ....

F3

il riquadro ....

G1

la piazzetta ....

la mozzarella di bufala ....

la rucola ....

i crostini di fegatini alla fiorentina ....

la zuppa di pesce ....

fresco/ -a ....

le tagliatelle (*pl.*) ....

il sugo di cinghiale ....

i ravioli (*pl.*) ....

i funghi porcini (*pl.*) ....

gli gnocchetti (*pl.*) ....

al gorgonzola ....

le lasagne alle verdure (*pl.*) ....

la verdura ....

le farfalle (*pl.*) ....

alla pescatora ....

alla griglia ....

la bistecca di maiale ....

il maiale ....

l'agnello ....

la trota ....

i fagioli (*pl.*) ....

l'olio ....

i peperoni (*pl.*) ....

l'aglio ....

le patate fritte (*pl.*) ....

la patata ....

fritto/ -a ....

misto/ -a ....

la torta di noci ....

la noce (*pl.* - le noci) ....

i biscottini di prato ....
il biscotto ....
di stagione ....
il coperto ....
IVA e servizio inclusi ....

G2

consigliare ....

Ricapitoliamo!
fare un dialogo su ....

UNITÀ 5 *Tu che cosa fai?*

tu che cosa fai? ....
la pubblicità ....
da grande farò ... .
il domatore ....
il pilota ....
per te ....
i mestieri (*sg.* - il mestiere) ....
le professioni (*sg.* - la professione) ....

A

faccio il tassista (*inf.* fare) ....
il/ la tassista ....

A1

l'insegnante (*m./f.*) ....
il commesso/ la commessa ....
l'operaio/ -a specializzato/ -a ....
l'infermiere/ l'infermiera ....
l'impiegato/ l'impiegata ....
il medico (*m./f.*) ....
il casalingo/ la casalinga ....
il programmatore/ la programmatrice ....

A2

corrispondente/ -i ....
luogo (*pl.* - luoghi) di lavoro ....
l'ospedale (*m.*) ....
la fabbrica (*pl.* - le fabbriche) ....

A3

le presentazioni ....
frequentare ....
il corso di studi ....
il corso di ... .
l'Università Popolare di Roma ....
svolgere ....

A4

riascoltare ....
studio economia (*inf.* studiare) ....
l'economia ....
vivere ....
ho 27 anni ....
sono pensionata ....
pensionato/ -a ....

la ditta ....

A5

fare ....
lei che lavoro fa? ....
la medicina ....
stare a casa ....

A6

il settore ....
l'aula ....
il termine (*pl.* - i termini) ....
indicare ....
cercate di spiegarlo ....
che vi dà ....
dà (*inf.* dare) ....
il negozio di ... .
la scarpa (*pl.* - le scarpe) ....
lo studio medico ....
la banca ....

B

com'è il nuovo lavoro? ....
nuovo/ -a ....

B1

(essere) contento/ -a di ... .
la mattina ....
chiuso/ -a ....
ah già, è vero! ....
guarda, sono proprio ... .
mi piace ....
andare d'accordo ....
giovane ....
simpatico/ -a (*pl.* -ci /-che) ....
gli orari poco flessibili ....
l'orario ....
flessibile/ -i ....
tardi ....
il pomeriggio ....
impegnativo/ -a ....
a volte ....
stressante/ -i ....
almeno ....
vario/ -a ....
la novità ....
purtroppo ....
domani ....
il colloquio (di lavoro) ....
speriamo bene! ....
in bocca al lupo! ....

B2

le parti del giorno ....
la parte ....
lo spazio (*pl.* - gli spazi) ....
a destra ....
la destra ....
a mezzogiorno ....

il mezzogiorno ....
la notte ....

B3

interessante (*pl.* -i) ....
faticoso/ -a (*pl.* -i/ -e) ....
creativo/ -a ....
noioso/ -a ....
comodo/ -a ....

B6

l'atmosfera ....

Ascolto 2
descrivere ....

Ascolto 3
scegliete (*inf.* scegliere) ....
il/la tour-operator ....
il bambino/ la bambina ....
il pensionato/ la pensionata ....
la biblioteca ....

C

cucino, pulisco, stiro ....
cucinare ....
pulire ....
stirare ....

C1

ex-imprenditore ....
ex ....
l'imprenditore/ l'imprenditrice ....
il membro ....
movimento uomini casalinghi ....
l'uomo (*pl.* - gli uomini) ....
raccontare q.c. ....
la mia vita gira intorno alla casa ....
mia moglie ....
la moglie ....
avere (tanto) da fare ....
tanto (*avv.*) ....
ecco la mia giornata ....
preparare ....
fare il letto ....
mettere in ordine ....
stirare non è il mio forte ....
fare la spesa ....
preparare da mangiare ....
quando lei finisce di ... (*inf.* finire) ....
pronto/ -a ....
ormai ....
il cuoco, la cuoca ....

C2

le azioni (*sg.* - l'azione) ....
nell'arco di una giornata ....

C3

l'attività (*pl.* - le attività) ....

sopra ....
con quale frequenza ....
la frequenza ....
ogni giorno ....
di tanto in tanto ....
raramente (*avv.*) ....

C4

finire (di) ....
l'uso ....
gli aggettivi possessivi ....

C5

anche se ....
piuttosto ....
tra ....
per fortuna ....
mio marito ....
il marito ....

C6

fate un'inchiesta ....
l'inchiesta ....
i risultati (*sg.* - il risultato) ....
i lavori di casa ....
volentieri ....

D1

la settimana ....
andare a prendere qu. ....
avere un appuntamento ....
l'appuntamento ....
il/ la dentista ....
allora devo finire di ... .
giovedì ci vado io ....
come al solito ....
non devi lavorare? ....
sempre ....
il turno ....
la madre ....
dai, ...
non cominciamo di nuovo ....
cominciare ....

D4

potere ....
dovere ....

D6

vi chiede di poter fare ....
la lezione ....
invece di ....
a voi non sta bene ....

D7

l'appartamento ....
dividere ....
fra voi ....
la lista ....

di tutte le cose da fare ....
la cosa (*pl.* - le cose) ....
decidere ....

E1

la consonante (*pl.* - le consonanti) ....

Ricapitoliamo!
di essere una di loro ....
la vita ....
saperne di più ....

UNITÀ 6 *Ripasso*

A1

parole illustrate ....
vi piace? ....
sapete (*inf.* sapere) ....
può essere più efficace e divertente ....
efficace/ -i ....
divertente/ -i ....
l'illustrazione ....
nella ....
che potete trovare sui ... .

A2

le cose di tutti i giorni ....
sicuramente (*avv.*) ....
l'oggetto (*pl.* - gli oggetti) ....
(più) facilmente (*avv.*) ....
attaccare ....
"post-it" ....
il calendario ....

A3

rime e ritmi ....
la rima ....
il ritmo ....
aiutare ....
se bisogna dire ....
il lessico ....
associare ....
sembrare ....
parola troppo lunga ....
difficile da ricordare ....
difficile/ -i ....
in modo ritmico ....

A4

provate un po'! ....
per niente ....
seguire ....
i consigli (*sg.* - il consiglio) ....
di sopra ....

B

impariamo ad ascoltare! ....
ascoltare ....
dall'inizio ....

molto (*pl.* - molti) ....
presente/ -i ....
ogni ....
(non) è tanto ... quanto ... .
al contrario ....
capire ....
quante più informazioni possibile ....
il tono della voce ....
concentrarsi su ....
particolare ....

B1

c'è tono e tono ....
qualcuno si lamenta ....
qualcuno ....
lamentarsi ....
chiedere un'informazione ....
un episodio divertente ....
l'episodio ....
arrabbiato/ -a ....
nervoso/ -a ....

B2

gesti, mimica e altri fattori ....
il gesto (*pl.* - i gesti) ....
la mimica ....
il fattore (*pl.* - i fattori) ....
rendere ....
i rumori di sottofondo ....
il rumore (*pl.* - i rumori) ....
il disturbo ....
offrono (*inf.* offrire) ....
l'indicazione (*pl.* - le indicazioni) ....
in basso ....
nei testi di ascolto ....
nella conversazione personale ....
al telefono ....
quando si ascolta la radio ....
negli annunci radiofonici ....
o televisivi ....
la parola chiave (*pl.*le parole chiave) ....
conoscere la situazione ....

B3

ed ora attenzione! ....
di sopra ....

C1

gli impegni ....

Italia & italiani
Due caffè, per favore!
continuamente (*avv.*) ....
senza specificare ....
significa che ... .
vuole (*inf.* volere) ....
l'espresso ....
un espresso/ caffè macchiato ....
un po' di ... .
un espresso/caffè corretto ....

il cognac ....

la grappa ....

un espresso/ caffè lungo ....

forte ....

un espresso/ caffè ristretto ....

soprattutto ....

il pasto ....

normalmente (avv.) ....

leggero/ -a ....

pesante/ -i ....

gli adulti (sg. - l'adulto) ....

fatto con ... .

la moka ....

lo yogurt ....

la tazza ....

mettere ....

tipico/ -a ....

in piedi ....

costa di più ....

costare ....

entrare ....

quasi sempre ....

e poi ....

magari ....

il barista ....

durare ....

più volte ....

l'intervallo ....

la compagnia ....

"offro io!" ....

paga per tutti ....

in centro ....

l'angolo ....

il paese (pl. - i paesi) ....

un punto d'incontro ....

il punto ....

lì ....

giocare a carte ....

le carte (da gioco) ....

chiacchierare ....

guardare ... in t.v. ....

la partita di calcio ....

il calcio ....

Andiamo a mangiare! ....

chi ....

fuori ....

può (inf. potere) ....

la pizzeria ....

oltre a... ....

la scelta ....

limitato/ -a ....

ottimo/ -a ....

piatti regionali ....

ricco/ -a ....

succedere ....

oppure ....

"alla romana" ....

ognuno ....

fisso/ -a ....

comprendere ....

servito a tavola ....

per legge ....

la legge (pl. - le leggi) ....

la ricevuta ....

Lavoro e famiglia

la necessità ....

combinare ....

la donna (pl. - le donne) ....

il lavoro part-time ....

a mezza giornata ....

poco diffuso ....

la possibilità (pl. - le possibilità) ....

lasciare ....

il figlio (pl. - i figli) ....

i nonni ....

i nipoti ....

la responsabilità ....

l'educazione ....

UNITÀ 7 *C'è una banca qui vicino?*

c'è una banca qui vicino? ....

la banca (pl. - le banche) ....

vicino a ...(avv.) ....

l'edicola ....

il cinema ....

la fermata dell'autobus ....

il supermercato ....

l'ufficio postale ....

riconoscete qualcos'altro

nelle foto? ....

riconoscere ....

A

dove vai così di corsa? ....

la corsa ....

A1

tra poco ....

la sorella ....

passare da qu. ....

il fioraio ....

che fai da queste parti? ....

faccio un salto a/da/in ... .

il Centro TIM ....

avere un problema ....

il cellulare ....

senti ....

sai per caso se ...? (inf. sapere) ....

qui nel quartiere non ci sono banche ....

il quartiere ....

aspetta! ....

aspettare q.c./ qu. ....

in piazza Tasso ....

la piazza ....

ah già! ....

devo proprio ... .

scappare ....

A2

solo (*avv.*) ....

le affermazioni presenti ....

(non) funziona bene ....

A3

le preposizioni ....

A4

la palestra ....

il parrucchiere ....

A6

avete una buona memoria? ....

la memoria ....

B1

di fronte a ....

accanto a ....

il duomo ....

B2

ciascuno di voi ....

ciascuno/ -a ....

il rosa ....

a caso ....

l'edificio ....

con delle domande ....

la domanda (*pl.* - le domande) ....

la posta ....

la farmacia ....

B3

il luogo ....

e di che genere ....

C

ma che ore sono? ....

C1

di sotto ....

l'orologio (*pl.* - gli orologi) ....

è mezzogiorno ....

è mezzanotte ....

è l'una ....

sono le tre ....

sono le quattro e dieci ....

sono le cinque e un quarto ....

sono le sette e mezza/mezzo ....

sono le otto e quaranta ....

sono le nove meno venti ....

sono le nove e tre quarti ....

sono le dieci meno un quarto ....

C2

le amiche (*sg.* - l'amica) ....

oddio! ....

e come faccio adesso? ....

apre (*inf.* aprire) ....

le medicine (*sg.* - la medicina) ....

urgente/ -i ....

il giglio ....

(fare) l'orario continuato ....

figurati! ....

sono aperti/ -e dalle ... alle ... .

le ... di mattina/ di sera ....

il mese ....

C3

aprire ....

a che ora ...? ....

chiudere ....

il centro commerciale ....

C4

e da voi? ....

apre alle ... e chiude alle ... .

C5

i cartelli (*sg.* - il cartello) ....

orari di apertura e di chiusura ....

l'apertura ....

la chiusura ....

a cui siete abituati ....

essere abituato/-a a ... .

da lunedì a venerdì ....

oggi è di turno questa farmacia ....

nelle ore di chiusura ....

rivolgersi a ... .

la ricetta ....

l'abitazione ....

orario di sportello ....

il semifestivo ....

C6

nell'ordine in cui ....

riportato/ -a ....

C7

domandatevi a vicenda ....

a vicenda ....

fare colazione ....

andare al lavoro ....

tornare a casa ....

cenare ....

Lettura 2

Lucca ....

l'anfiteatro ....

un «vuoto» di armonia ....

il vuoto ....

l'armonia ....

dagli anni Trenta dell'800 ....

questa piazza-gioiello ....

il gioiello ....

incantare qu. ....

i visitatori (*sg.* - il visitatore) ....

il salotto ....

ovale ....

sui resti dell'antico anfiteatro ....

antico/ -a ....

romano ....

progettato/ -a ....

un posto incredibile ....

il fascino ....

il set ....

la televisione ....

nascosto/ -a ....

camminare ....

per le vie strette del centro ....

stretto/ -a ....

le antichità ....

passi (inf. passare) ....

l'arco ....

la sorpresa ....

voltare pagina ....

il silenzio ....

il cerchio ....

anzi ....

la bottega (pl. - le botteghe) ....

il mercato ....

al centro ....

aprile ....

la festa di Santa Zita ....

la festa (pl. - le feste) ....

ospitare q.c./qu. ....

la mostra-mercato ....

la mostra ....

il fiore (pl. - i fiori) ....

luglio ....

il concerto (pl. - i concerti) ....

protestare ....

la fiera dell'antiquariato ....

l'antiquariato ....

gli abitanti (sg. - l'abitante) ....

la sedia (pl. - le sedie) di plastica ....

la plastica ....

brutto/ -a ....

si anima (inf. animarsi) ....

la piazza si anima di turisti ....

sorridere ....

Lettura 3

il locale ....

la manifestazione ....

Lettura 4

riuscite (inf. riuscire) a ... .

l'articolo ....

D

a più tardi! ....

D1

spiegare ....

raggiungere ....

la strada (pl. - le strade) ....

il punto (pl. - i punti) di riferimento ....

ci vediamo ....

vedere q.c./ qu. ....

vieni, no? (inf. venire) ....

non so dov'è (inf. sapere) ....

quando esci di qui (inf. uscire) ....

giri a sinistra (inf. girare) ....

a sinistra ....

subito ....

andare avanti ....

fino a ... .

complicato/ -a ....

lo schizzo ....

D2

le indicazioni ....

San Fedele ....

la chiesa ....

la zona pedonale ....

la libreria ....

D3

la descrizione ....

attraversare q.c. ....

l'incrocio ....

continuare ....

continuare dritto fino a ... .

dritto ....

a destra ....

il semaforo ....

il metro (pl. - i metri) ....

circa ....

sbagliare ....

è chiaro? ....

chiaro/ -a ....

D4

il ponte ....

D5

sapere q.c. ....

venire ....

uscire ....

scusi, per piazza San Fedele? ....

va avanti fino a ... .

attraversa (inf. attraversare) ....

gira (inf. girare) ....

D6

indicato/ -a ....

il cerchietto rosso ....

rosso/ -a ....

numerati/ -e ....

scambiatevi i ruoli (inf. scambiarsi) ....

il ruolo ....

la musica dal vivo ....

il borgo ....

UNITÀ 8 *Che cosa hai fatto ieri?*

che cosa hai fatto ieri? ....
ieri (*avv.*) ....
fare sport ....
lo sport ....
ascoltare la musica ....
andare in bicicletta ....
la bicicletta ....
guardare la tv ....
ballare ....
fare foto ....
leggere ....
invitare amici a casa ....
andare a vedere una mostra ....
navigare in Internet ....
il tempo libero ....
il tempo ....

A

ti piace la musica italiana? ....
ti piace ...? ....

A1

dipende ....
la canzone melodica ....
la canzone (*pl.* - le canzoni) ....
il cantautore/ la cantautrice ....
Lucio Dalla
Paolo Conte
Eros Ramazzotti
Nek ....
Laura Pausini ....
non ti piacciono? ....
non tanto ....
tra i giovani ....
preferire ....
Lorenzo Jovanotti ....
da quando ....
l'estero ....
tutto/ -a ....
addirittura ....
il Festival di Sanremo ....
ma scherzi? ....
scherzare ....
no, ti giuro! ....
giurare q.c. a qu. ....

A2

Le piace/ piacciono ...? ....
moltissimo (*avv.*) ....

A3

il film d'azione ....
la commedia ....
la musica leggera ....
classico/ -a (*pl.* - ci/ -che) ....
la canzone popolare ....
la biografia ....
il giallo ....

il romanzo ....
la pittura ....
la fotografia (d'autore) ....

B

cosa hai fatto di bello? ....
bello/ -a ....

B1

hanno passato (*inf.* passare) ....
niente di speciale ....
ho dormito (*inf.* dormire) ....
ho incontrato (*inf.* incontrare) ....
incontrare qu.
abbiamo pranzato insieme (*inf.* pranzare) ....
avete mangiato (*inf.* mangiare) ....
abbiamo avuto l'idea di ... (*inf.* avere) ....
l'idea (*pl.* - le idee) ....
ha comprato (*inf.* comprare) ....
comprare q.c.
il vaso ....
ma che prezzi! ....
... in campagna ....
la campagna ....
una pace che non ti dico ....
la pace ....

B2

... che fanno riferimento al passato ....
il passato ....

B3

il passato prossimo ....
il participio passato ....

B5

avete fatto (*inf.* fare) ....
lo scorso fine settimana ....
scorso/ -a ....
fare una passeggiata ....
la passeggiata ....
avere ospiti ....
l'ospite (*m./f.*) ....

C

è stata proprio una bella giornata ....
è stata (*inf.* essere) ....

C1

grazie ancora dell'invito ....
l'invito ....
sono arrivato (*inf.* arrivare) ....
per via del traffico (per via di) ....
il traffico ....
sono andato (*inf.* andare) a letto ....
sciare ....
ho letto (*inf.* leggere) ....
finalmente (*avv.*) ....
Andrea Camilleri ....

buona settimana! ....
altro che (Camilleri)! ....
è venuta (*inf.* venire) ....
siamo andate (*inf.* andare) ....
sono tornata (*inf.* tornare) ....
comunque ....
stanchezza a parte ....
la stanchezza ....
a parte ....
ho passato (*inf.* passare) ....
alla prossima ....

C2

nome di persona ....
adeguato/ -a (*pl.* adeguati/ -e) ....
è andato/ -a (*inf.* andare) ....
è tornato/ -a (*inf.* tornare) ....

C3

siamo andati/ -e (*inf.* andare) ....

C4

l'attimo ....
x Paolo! ....
stamattina ....
il papà ....
la telefonata ....
verso le otto ....

C5

riferire ....
lavorando (*inf.* lavorare) ....
il portafogli (*pl.* - i portafogli) ....
ha passato (*inf.* passare) ....

C6

indovinare ....
consegnatelo ....
leggere ad alta voce ....

Lettura 1
contenere ....

Lettura 2
l'odore della notte ....
nato/ -a a ... (*inf.* nascere) ....
Porto Empedocle ....
nel 1925 ....
ha cominciato a ...
(*inf.* cominciare) ....
il regista teatrale
ha rappresentato
(*inf.* rappresentare) ....
rappresentare qc. ....
l'autore/ l'autrice
lo sceneggiatore ....
ha insegnato (*inf.* insegnare) ....
Centro Sperimentale di
Cinematografia ....
ha scritto (*inf.* scrivere) ....

la poesia (*pl.* - le poesie) ....
il racconto (*pl.* - i racconti) ....
il commissario Montalbano ....
conosciuto dal pubblico ....
il pubblico ....
fortunata serie di film ....
fortunato/ -a ....
sposato/ -a ....
ha tre figlie e quattro nipoti ....
la figlia (*pl.* - le figlie) ....
il/la nipote (*pl.* - i/le nipoti) ....
attualmente (*avv.*) ....

Lettura 3
evidenziare ....
i punti (*sg.* - il punto) ....
in cui viene/è detto ....
ha svolto (*inf.* svolgere) ....
è diventato (*inf.* diventare) ....

Lettura 4
che hanno una certa somiglianza ....
la somiglianza ....

D

sono nato nel 1937 (*inf.* nascere) ....

D1

nel giusto ordine ....
le tappe (*sg.* - la tappa) ....
ho lavorato (*inf.* lavorare) ....
tantissimo ....
ho finito (*inf.* finire) le scuole ....
ho lasciato (*inf.* lasciare) ....
lasciare q.c./qu. ....
le Ferrovie dello Stato ....
ho vissuto (*inf.* vivere) ....
ho chiuso (*inf.* chiudere) ....
l'attività ....
ho trovato (*inf.* trovare) ....
trovare q.c. ....
non ho avuto il tempo di ...
(*inf.* avere) ....
farmi (*inf.* farsi) una famiglia ....

E

una festa in famiglia ....

E1

l'albero genealogico ....
nomi di parentela ....
il cognato/ la cognata ....
il fratello ....
i genitori (*pl.*) ....

E2

la lettera ....
il battesimo ....
le nozze d'oro ....
il matrimonio ....

il compleanno ....

Nov<u>a</u>ra ....

pensa, ...

perfino ....

non ... ancora ....

naturalmente (*avv.*) ....

i parenti (*pl.*) ....

i nostri amici ....

nostro/ -a ....

regalare q.c. a qu. ....

il cofanetto ....

l'argento ....

inciso/ -a ....

e tu stai m<u>e</u>glio adesso? ....

spero di rivederti presto ....

sperare q.c. ....

rivedere qu. ....

presto (*avv.*) ....

l'abbr<u>a</u>ccio ....

saluti da ... .

E3

chi è venuto alla tua festa? ....

E4

lo schizzo ....

E5

come si può iniziare una l<u>e</u>ttera ....

come si può chi<u>u</u>dere ....

E6

raccontando (*inf.* raccontare) ....

l'evento ....

avete festeggiato (*inf.* festeggiare) ....

il Carnevale ....

il Natale ....

la P<u>a</u>squa ....

il Capodanno ....

Ascolto 2

M<u>a</u>ntova ....

Gi<u>o</u>tto ....

par<u>e</u>cchie persone ....

par<u>e</u>cchio/ -a (*pl.* - parecchi/ -e) ....

l'inquinamento ....

P<u>a</u>dova ....

la gita ....

il vitello ....

l'agnello ....

Ascolto 3

la Capp<u>e</u>lla degli Scrov<u>e</u>gni ....

ha prenotato una v<u>i</u>sita

(*inf.* prenotare) ....

la v<u>i</u>sita ....

Ricapitoliamo!

una giornata particolare ....

recentemente (*avv.*) ....

Grammatica

suo/ -a ....

loro ....

UNITÀ 9 *Ripasso*

A

il soggiorno ....

l'arrivo ....

il/ la passante ....

dite (*inf.* dire) ....

chi<u>e</u>dere q.c. a qu. ....

il giornal<u>a</u>io ....

spiegare q.c. a qu. ....

il B<u>a</u>ncomat ....

funzionare ....

la torre ....

a lezione ....

l'invitato/ -a ....

l'hobby (*pl.* - gli hobby) ....

coniugare ....

l'orto bot<u>a</u>nico ....

riposare ....

B

ma sì! ....

proviamo a ... .

avere bisogno di ....

m<u>e</u>ttere insieme ....

qualcosa di s<u>i</u>mile succede ... .

succ<u>e</u>dere ....

il vant<u>a</u>ggio ....

a nostra disposizione ....

pensare alla parola più appropriata ....

appropriato/ -a ....

le istruzioni date di s<u>e</u>guito ....

il testo ....

B1

per cominciare ... .

pensate a che tipo di ....

autobiogr<u>a</u>fico/ -a ....

gli appunti ....

B2

le parole giuste ....

la frase (*pl.* - le frasi) ....

cr<u>e</u>dere ....

necess<u>a</u>rio/ -a (*pl.* - necessari/ -e) ....

il c<u>o</u>mpito ....

iniziare ....

ricordare ....

il libro di testo ....

il dizion<u>a</u>rio ....

B3

un modello c'è già ....

facilitare ....

sc<u>e</u>gliere ....

ultimo/ -a ....

arrivare il momento di ....
evitare di ... .
la traduzione ....
parola per parola ....
la fase ....

Italia & italiani
La famiglia
numeroso/ -a ....
un ricordo dei tempi passati ....
il ricordo ....
rispetto a ....
gli europei/ le europee ....
la percentuale ....
nonostante ....
recente ....
fenomeno ....
continuare a ... .
conservare ....
la caratteristica
(pl. - le caratteristiche) ....
o meglio ....
unico/ -a ....
sempre più ....
vanno via (inf. andare via) ....
sposarsi ....
creare una famiglia ....
motivi economici ....
ma anche perché ....
le comodità (sg. - la comodità) ....
le cure (sg. - la cura) ....
la mamma ....
si usa ....
il termine ....
il papà ....
esistere ....
il babbo ....

La feste in famiglia
festeggiare ....
in compagnia di ....
l'onomastico ....
in occasione di ....
la Comunione ....
la Cresima ....
ricevere ....
la bomboniera ....
i confetti ....
le caramelle ....
tradizionale (pl. - tradizionali) ....
forma ovale ....
a seconda dell'occasione ....
l'occasione ....

Orari di apertura
può variare ....
da regione a regione ....
tuttavia

i grandi magazzini ....
i centri turistici ....
di tutto ....
creare dei problemi ....

Tempo libero
il picnic ....
il mare ....
la montagna ....
la Pasquetta ....
gli anziani ....
punto d'incontro ....
il corso ....
passeggiare ....
il gelato ....
ovviamente (avv.) ....
guardando (inf. guardare) ....

UNITÀ 10 *Li vuole provare?*

li vuole provare? ....
provare q.c. ....
la maglietta ....
la cintura ....
il profumo ....
il cd ....
la busta ....
recentemente (avv.) ....

carina la giacca beige! ....
carino/ -a ....
la giacca ....
beige ....
il capo di abbigliamento ....
il capo ....
l'abbigliamento ....
che bello il maglione beige! ....
il maglione ....
per lui ....
la lana ....
la camicia (pl. - cie) ....
azzurro/ -a ....
il cotone ....
la cravatta ....
blu ....
i pantaloni (pl.) ....
marrone ....
la pelle ....
per lei ....
la gonna ....
nero/ -a ....
bianco/ -a (pl. - chi/ -che) ....
il foulard ....
la seta ....
a quadri ....
la borsa ....
lo stivale (pl. - gli stivali) ....
commentare ....

A2

invariabile/ -i ....

A3

preferito/ -a ....
il vestito ....
viola ....
grigio/ -a (*pl.* -gi/ -gie) ....
celeste ....
verde ....
non mi piace proprio ....

A4

indossare ....
portare q.c. ....
un paio di ....
sportivo/ -a ....
la stoffa ....
in tinta unita ....
a righe ....
la riga ....
a fiori ....
elegante ....

A5

mettere in valigia ....
la valigia ....
il viaggio di lavoro ....
il completo gonna e giacca ....
il completo pantaloni ....
l'abito ....
il costume da bagno ....
le scarpe da ginnastica ....

Ascolto 2
ancora una volta ....
un paio di jeans ....
Porta Portese ....

Ascolto 3
nominare ....
fare spese ....

B1

che taglia porta? ....
la taglia ....
la vetrina ....
veramente non mi piace molto ....
la 42 ....
come vanno? ....
non sono un po' stretti? ....
stretto/ -a ....
il modello ....
dice? (*inf.* dire) ....
vanno bene proprio così ... .
convinto/ -a ....
eventualmente (*avv.*) ....
cambiare ....
non c'è problema ....
mi fa vedere anche ... .

far vedere q.c. a qu. ....
come no? ....

B3

nei riquadri sottostanti ....
sottostante ....
il capo di vestiario ....

B4

il negozio di abbigliamento ....
vorrei vedere ... .

B5

le battute mancanti ....
utilizzando (*inf.* utilizzare) ....
largo/ -a ....
corto/ -a ....

B6

dire ....
volere ....

B7

pronomi diretti ....
lo ....
la ....
li ....
le ....
allungare ....
un pochino ....
questa giacca mi sta bene ....
un numero più piccolo ....
a mio marito ....

B8

avete visto (*inf.* vedere) ....
vedere meglio ....
vedere da vicino ....
cercare di trovare ....

C

fare shopping a Bologna ....
lo shopping ....

C1

il paradiso ....
all'ombra delle Due Torri ....
l'ombra ....
la torre ....
in pochi metri ....
poco/ -a (*pl.* -chi/ -che) ....
la moda ....
le delikatessen ....
gastronomico/ -a (*pl.* -ci/ -che) ....
l'arredamento ....
il punto di riferimento ....
la moda griffata ....
la galleria ....
Camillo Cavour ....

l'area dello shopping ....

caratteristico/ -a (pl. -ci/ -che) ....

il mercato (del pesce) ....

la bancarella ....

la bottega storica ....

la salumeria ....

squisito/ -a (pl. -i/ -e) ....

i salumi (pl.) ....

emiliano/ -a ....

il prosciutto ....

la mortadella ....

lì accanto ....

il panificio ....

la pasticceria ....

da 120 anni ....

sinonimo di ... .

la pasta fresca ....

il dolce ....

di gran qualità ....

la qualità ....

infine ....

l'enoteca ....

l'acquisto (pl. gli acquisti) ....

il liquore ....

di pregio ....

C2

elencato/ -a (pl. -i/ -e) ....

il negozio di frutta e verdura ....

l'arancia (pl. -ce) ....

la panetteria ....

la pescheria ....

la macelleria ....

C3

l'abitudine (pl. - le abitudini) ....

i negozi specializzati ....

D

a chi tocca? ....

D1

menzionato/ -a (pl. -i/ -e) ....

tocca a me ....

mi dica! ....

un chilo di pomodori ....

maturo/ -a ....

da insalata ....

per piacere ....

l'uva (sg.) ....

quanto/ -a ....

mezzo chilo ....

altro? ....

mi dia ... .

l'etto ....

i porcini ....

mi scusi ....

il mazzetto ....

il basilico ....

D2

il commesso ....

D3

le misure di peso ....

il peso ....

la mela ....

che differenza c'è ...? ....

D4

a seconda di ....

i propri gusti ....

il gusto ....

la ricetta ....

gli ingredienti (pl.) ....

le dosi (pl.) ....

ad alta voce ....

D5

il negoziante ....

la seppia ....

eccezionale ....

il pesce spada ....

il pecorino ....

buonissimo/ -a ....

il radicchio ....

freschissimo/ -a ....

D6

avvenire ....

il negozio di generi alimentari ....

acquistato/ -a (pl. -i/ -e) ....

la lattina ....

il pacco ....

il vasetto ....

la scatola ....

i pomodori pelati ....

Ricapitoliamo!

avere a disposizione ....

spendere ....

a scelta ....

avere intenzione di ... .

attenzione ....

l'offerta ....

le monete italiane ....

il castello ....

la Puglia ....

l'imperatore ....

Venere ....

il quadro ....

la nascita ....

la continuità ....

la scultura ....

la statua ....

il ritratto ....

il poeta ....

l'affresco ....

UNITÀ 11 Cosa fate in vacanza?

la definizione ....
il bel tempo ....
le città d'arte ....
l'arte (*pl.* le arti) ....
la vegetazione ....
la cucina ....
il sito archeologico ....
archeologico/ -a (*pl.* - ci / -che) ....
la mentalità ....
la gente (*sg.*) ....

A1

in vacanza mi rilasso ... .
rilassarsi ....
il lago di Garda ....
le Alpi ....

A2

il progetto (*pl.* - i progetti) ....
decidere di ....
il traduttore/ la traduttrice ....
mentre ....
divertirsi a fare q.c. ....
diverso/ -a ....
non ... niente ....
niente di speciale ....
speciale ....
svegliarsi ....
restare ....
alzarsi ....
la pineta ....
godersi q.c. ....
la natura ....
non ... mai ....
con me ....
annoiarsi ....
stare da solo/ -a ....
il/la libero/-a professionista ....
riposarsi ....
spericolato/ -a ....
partire per ....
movimentato/ -a ....
il Trentino ....
le Dolomiti ....
il paracadutismo ....
la barca a vela ....
la vacanza studio ....
rilassante ....
culturale ....

A3

attivo/ -a ....
la negazione ....

A4

come dev'essere ....
ideale ....
trascorrere ....

A5

la segretaria ....
d'estate ....
il campeggio ....
la Costa Amalfitana ....
generalmente (*avv.*) ....
fare windsurf ....

A6

il questionario ....
le vacanze di solo mare ....
il viaggio organizzato ....
viaggi in paesi lontani ....
lontano/ -a ....
dove vi fermate? ....
fermarsi ....
il centro (di salute e benessere) ....
la salute ....
il benessere ....
viaggiare ....
l'aereo ....
la macchina ....
la nave ....
il camper ....
a quali attività vi dedicate? ....
dedicarsi a q.c. ....
fare escursioni a piedi ....
l'escursione (*f.*) ....
a piedi ....
girare per negozi ....
prendere il sole ....
il sole ....
il museo ....

A7

discutere su q.c. ....

B

l'informazione (*f.*) ....

B1

la primavera ....
l'estate (*f.*) ....
l'autunno ....
l'inverno ....
gennaio (*m.*) ....
febbraio (*m.*) ....
marzo (*m.*) ....
aprile (*m.*) ....
maggio (*m.*) ....
giugno (*m.*) ....
luglio (*m.*) ....
agosto (*m.*) ....
settembre (*m.*) ....
ottobre (*m.*) ....
novembre (*m.*) ....
dicembre (*m.*) ....

B2

sentire ....

la Festa di Sant'Anna ....

il ventisei luglio ....

che cosa c'è da vedere? ....

la festa si svolge sul mare ....

la sfilata ....

la barca ....

decorato/ -a ....

il Castello Aragonese ....

il premio ....

i fuochi d'artificio (pl.) ....

il collegamento ....

il traghetto ....

l'aliscafo ....

impiegare ....

forse conviene (inf. convenire) ....

forse ....

rimanere ....

la pensione ....

oggi è il venti luglio ....

il mezzo di trasporto ....

B3

la data ....

che giorno è oggi? ....

il primo luglio ....

B4

l'Epifania ....

la Festa dei Lavoratori ....

San Valentino ....

Ferragosto ....

la Festa della Donna ....

San Silvestro ....

B5

la manifestazione ....

la Regata Storica ....

la regata ....

storico/ -a ....

la processione dei serpari ....

la processione ....

Calendimaggio ....

la Festa dei Ceri ....

il cero ....

il Palio di Siena ....

B6

chiedere informazioni ....

B7

formulare alcune domande ....

B8

l'avvenimento ....

C1

la possibilità ....

vi prego di inviarmi ... .

pregare qu. di fare q.c. ....

inviare q.c. a qu. ....

gratuitamente (avv.) ....

l'opuscolo ....

informativo/ -a ....

il maso ....

trentino/ -a ....

l'indirizzo ....

per maggiori informazioni ....

il coupon ....

l'Azienda di Promozione Turistica ....

semplicemente (avv.) ....

C2

piacerebbe (inf. piaccrc) ....

il materiale informativo ....

egregio/ -a (pl. egregi/ -e) ....

spettabile ....

C3

l'avverbio ....

semplice ....

naturale ....

C4

affettuosamente ....

completamente ....

esattamente ....

particolarmente ....

in continuazione ....

il sentiero ....

ripido/ -a ....

la pausa ....

e così via ....

lo stesso ....

pazzo/ -a ....

il bacio ....

D

c'è un sole stupendo ....

stupendo/ -a ....

pronto? ....

Positano ....

due giorni fa ....

il tempo com'è? ....

fantastico/ -a ....

fa proprio caldo ....

beati voi ....

fa brutto tempo ....

piove (inf. piovere) ....

da due giorni ....

pensare ....

fra una settimana ....

qualche gita ....

qualche (sg.) ....

la gita ....

l'isola ....
il Vesuvio ....
bravi, bravi ... .
bravo/ -a ....
ti passo la mamma ....

D2

c'è il sole ....
il vento ....
la nebbia ....
nevicare ....
nuvoloso/ -a ....
fa freddo ....

D4

tradurre ....

D5

Sorrento ....
annotare ....
la proposta (*pl.* - le proposte) ....
Capri ....
gli scavi (*pl.*) di Pompei ....
l'escursione a Paestum ....
da quanto tempo è qui? ....

D6

la cartolina ....

Ascolto 1
sapore di sale ....
il sapore ....

Ascolto 2
la coppia innamorata ....

Ascolto 3
il ritornello ....
il gusto ....

Ricapitoliamo!
la durata ....
la destinazione ....
riflettere ....
il programma di viaggio ....
i singoli giorni ....
singolo/ -a ....
il punto d'incontro ....
l'itinerario ....
il ritorno ....

UNITÀ 12 *Ripasso*

A

avere paura di ... .
far piacere ....
mantenere viva la conversazione ....
inoltre

A1

piano, per favore! ....

A2

ditelo con altre parole ....
riuscire a
nessun problema! ....
cercate di spiegarvi
spiegarsi ....
qui a fianco ....
il posto ....

A3

in poche parole ....
essere in grado di ....
complesso/ -a (*pl.* -i/ -e) ....
esprimere ....
non fare niente di eccezionale ....
ci siamo permessi di ... .
permettersi ....
ce l'ho fatta (*inf.* farcela) ....

A4

improvvisate! ....
relativo/ -a (*pl.* -i/ -e) ....
scene comuni ....
scambiatevi (*inf.* scambiarsi) ....
il ruolo (*pl.* - i ruoli) ....
interpretare
mettere in scena ....
la scena ....
quotidiano/ -a ....
riportato/ -a ....

B1

buon viaggio e buon divertimento! ....
Trento ....
l'ufficio informazioni ....
Trieste ....
che tempo fa? ....
Verona ....
la capitale ....
Modena ....
Parma ....
nei dintorni di ....
gli Appennini ....
il Parco Nazionale d'Abruzzo ....
Termoli ....
la grigliata mista ....
il Gargano ....
Matera ....
i "sassi" di Matera ....
la sagra ....
la zona ....
il villaggio turistico ....
Tropea ....
il tradizionale mercato del pesce ....
Cagliari ....
il collegamento ....
Campo de' Fiori ....
il lago Trasimeno ....
con vista su ....

Portofino ....

Alba ....

il Piemonte ....

il tartufo ....

Aosta ....

C

auguri ... e buon proseguimento! ....

il volume ....

una conoscenza base ....

fuori da ... .

aggiungere ....

C1

la cassetta ....

la musica leggera ....

l'opera ....

il fine (*pl.* - i fini) ....

la nota (*pl.* - le note) ....

accendere ....

la radio ....

la tv ....

la trasmissione (televisiva) ....

il canale (televisivo) ....

per strada ....

C2

ogni tanto ....

sms ....

cantare ....

C3

tirare fuori ....

il metrò ....

prendere in prestito ....

il prestito ....

la rivista ....

sfogliare ....

l'articolo (di giornale) ....

il sito ....

C4

l'e-mail ....

il/ la conoscente ....

il diario ....

Italia & italiani
Acquisti

settimanale/ -i ....

l'ipermercato ....

le cose di tutti i giorni ....

il negozio di alimentari ....

la bottega ....

un po' di tutto ....

variare da ... .

la salsamenteria ....

la pizzicheria ....

l'ortolano ....

la frutta ....

la verdura ....

il formaggio ....

le specialità regionali ....

regionale/ -i ....

articoli per la casa ....

risparmiare ....

fare attenzione ....

la scritta (*pl.* -le scritte) ....

i saldi ....

le offerte speciali ....

gli sconti ....

Gli italiani in vacanza

adatto/ -a (*pl.* -i/ -e) ....

... basta scegliere ....

le vacanze scolastiche ....

la meta (*pl.* - le mete) ....

scoprire ....

andare all'estero ....

cercare la pace ....

la pace ....

il contatto con la natura ....

riprendersi da ... .

lo stress cittadino ....

il momento clou ....

deserto/ -a (*pl.* -i/ -e) ....

chiuso per ferie ....

le ferie ....

andare fuori città ....

in compagnia di ....

successivo/ -a (*pl.* -i/ -e) ....

ricominciare ....

tornare a vivere ....

Feste e sagre

feste a sfondo storico ....

feste religiose ....

festa del patrono ....

il patrono/ la patrona ....

la manifestazione religiosa ....

la settimana santa ....

essere amante di ... .

la sagra gastronomica ....

gustare ....

Trascrizioni

Qui trovate le trascrizioni integrali di alcuni testi che non sono riportati integralmente o non sono riportati per niente nell'unità corrispondente.

Gli esercizi e i testi delle attività di *Ascolto* non sono qui riportati perché gli insegnanti possono trovare le rispettive trascrizioni nella *Guida per l'insegnante*.

Unità 4 Prendi un caffè?

C1 🎧 **Guardate e ascoltate.**

● Senta ... scusi ...
○ Volete ordinare?
● Sì, io vorrei un caffè e un'acqua minerale.
○ Gassata o naturale?
● Naturale.
○ Va bene.
▲ Per me un cappuccino e una pasta.
△ Un cappuccino anche per me.
■ E per Lei?
□ Mmm, per me un caffè, una minerale gassata e una pasta.
◆ Io invece prendo un succo di frutta alla pesca.

Unità 7 C'è una banca qui vicino?

D1 🎧 **Ascoltate.**

● Beh, allora a più tardi ... Ci vediamo in trattoria. Tu, Luisa, vieni, no?
○ Sì, però aspetta, Marco. Io come faccio? Non so dov'è.
● Ah ... beh, guarda, quando esci di qui giri subito a sinistra, vai avanti fino ... no, aspetta, è un po' complicato. Ti faccio uno schizzo ... allora, guarda, esci di qui, giri a sinistra e vai avanti.
○ Mmm ...
● Poi attraversi l'incrocio e continui dritto fino alla libreria. Bene, poi giri a destra in via Doni ...
○ Mmm ...
● ... e vai sempre avanti fino al semaforo. Lì giri ancora a destra, dove comincia la zona pedonale.
○ Ah, sì.
● Ecco, dopo 50 metri circa arrivi in piazza San Fedele e vedi subito la chiesa.
○ Ah.
● E sulla destra, proprio accanto all'edicola, c'è la trattoria *La Tavernaccia*, non puoi sbagliare. È chiaro?
○ Sì, sì, con lo schizzo va bene, grazie.

Unità 8 Che cosa hai fatto ieri?

D1 🎧 **Ascoltate.**

Sono nato a Napoli nel 1935 e ho vissuto sempre qui. Ho finito le scuole nel 1955 e con il diploma di ragioniere ho subito trovato lavoro, alle Ferrovie dello Stato. Due anni dopo ho lasciato il posto alle Ferrovie e ho aperto una piccola ditta di acque minerali, insieme a mio fratello. I primi anni sono stati difficili ma poi gli affari sono andati meglio. Negli anni Ottanta abbiamo guadagnato veramente bene! Ma ho lavorato tantissimo – solo 10 giorni di vacanza all'anno! – e non ho avuto il tempo di farmi una famiglia. Insomma, sono single, come si dice adesso, ma vivo con mia sorella e ho molti nipoti che mi vogliono bene. Due anni fa ho chiuso la mia attività e sono andato in pensione. Ma a casa non so cosa fare e così lavoro in giardino o vado al negozio di mio nipote e aiuto un po'.

Le regole dei giochi

Unità 3 Ripasso

▦ C Il giro della Marche
Si gioca in gruppi di 2-4 persone. Ad ogni gruppo serve un dado e a tutti i giocatori una pedina (per es. una moneta).
Comincia il giocatore che lancia il dado e ottiene il numero 1. Poi i giocatori, in senso orario, lanciano il dado e si spostano sulle diverse caselle eseguendo il compito richiesto da ognuna. Il giocatore può rimanere sulla casella conquistata se il gruppo è soddisfatto dello svolgimento del compito, altrimenti deve tornare alla casella precedente.
Vince chi per primo raggiunge il numero 14 ottenendo dal lancio del dado il numero esatto per arrivarci. Se il numero ottenuto nell'ultimo lancio non è quello giusto lo studente deve andare indietro di una casella.

Unità 6 Ripasso

▦ C Ma quante domande!
Fate una raccolta di domande su ognuno dei temi proposti sulla sinistra del campo di gioco utilizzando le parole presentate sulla destra.
Importante: le domande possono anche essere un po' giocose e non del tutto realistiche!
Giocano due squadre, ognuna con una pedina/moneta. La squadra che deve rispondere decide il tema su cui vuole essere interrogata e mette una pedina sull'illustrazione corrispondente (per esempio: *lavoro, casa, ristorante* ecc.). La squadra che formula la domanda mette la pedina su uno degli interrogativi oppure sul punto interrogativo e poi fa la domanda. Se la squadra interrogata risponde correttamente può a sua volta formulare una domanda. La squadra che deve rispondere, però, può prima spostare una sola delle pedine/monete cambiando così o il tema, l'argomento o il tipo di domanda.
In questo gioco non c'è punteggio, ma una durata di tempo di 15-20 minuti. Sicuramente, però, sarà molto divertente!

Unità 9 Ripasso

▦ A Un soggiorno a Lucca
Si gioca in gruppi di 2-4 persone. Ad ogni gruppo serve un dado, ad ogni giocatore una pedina (per es. una moneta). Tutti i giocatori mettono la loro pedina sulla casella *Partenza* ed il gioco comincia.
Poi, a turno in senso orario, ogni giocatore lancia il dado e va avanti di tante caselle quante sono indicate dal dado. Dopo aver letto il compito scritto sulla casella su cui è arrivato, il corsista deve rivolgersi ad un compagno per risolvere insieme il compito. Anche se chi aiuta a risolvere un compito non va avanti, può comunque approfittare per dire qualcosa in italiano. Se il gruppo è soddisfatto dello svolgimento del compito il giocatore può rimanere sulla casella conquistata, altrimenti deve ritornare alla casella di prima. Per ogni compito svolto si ottiene un punto.
Il gioco termina quando uno dei giocatori ottiene dal lancio del dado il numero esatto per raggiungere la casella *Arrivo*. Se il numero ottenuto nell'ultimo lancio non è quello giusto, lo studente deve andare indietro di una casella.
In questo gioco non vince il giocatore che arriva per primo, ma quello che ottiene il punteggio più alto.

Unità 12 Ripasso

▦ C Vacanze in Italia
Si gioca in gruppi di 2-4 persone. Ad ogni gruppo serve un dado, ad ogni giocatore una pedina (per es. una moneta). Tutti i giocatori mettono la loro pedina sulla casella *Partenza* ed il gioco comincia.
Poi, a turno in senso orario, ogni giocatore lancia il dado e va avanti di tante caselle quante sono indicate dal dado. Dopo aver letto il compito scritto sulla casella su cui è arrivato, il corsista deve rivolgersi al compagno seduto alla sua sinistra per risolvere insieme il compito. Anche se chi aiuta a risolvere un compito non va avanti, può comunque approfittare per dire qualcosa in italiano. Se il gruppo è soddisfatto dello svolgimento del compito il giocatore può

rimanere sulla casella conquistata, altrimenti deve ritornare alla casella di prima. Per ogni compito svolto si ottiene un punto.

Vince chi per primo raggiunge la casella *Arrivo* ottenendo dal lancio del dado il numero esatto per arrivarci. Se il numero ottenuto nell'ultimo lancio non è quello giusto lo studente deve invece andare indietro di una casella.

Fonti testi e illustrazioni

p. 9: Azienda di Promozione Turistica dell'Umbria, p. Belli; p. 12: G. Robustelli, Napoli; p. 16: M. Rambaldi, Napoli; p. 19: Ferrovie dello Stato, Centro Audiovisivi, Roma; p. 20: M. Rambaldi, Napoli; p. 21: IAT Senigallia; p. 22: Hotel Ritz, Senigallia; p. 24: M. Rambaldi, Napoli; p. 26: R. Degli Innocenti, Pistoia; p. 29: Hotel Baia del Capitano, Cefalù; p. 30: APTR Ancona – IAT Urbino, Archivio (Urbino); Archivio Fotografico Servizio Turismo Regione Marche (Monastero di Fonte Avellana, Pesaro); pp. 31-33: M. Rambaldi, Napoli; pp. 35-36: M. Rambaldi, Napoli; p. 40: M. Rambaldi, Napoli; p. 43: Università Popolare di Roma; p. 44: M. Rambaldi, Napoli; p. 46: F. Bresciani, Pietrasanta; pp. 48-50: M. Rambaldi, Napoli; pp. 54-57: M. Rambaldi, Napoli; p. 61: Bell'Italia, n. 189, gennaio 2002 (Text), p. Cellai, Firenze (Foto); M. Rambaldi, Napoli; p. 68: Farabolafoto, Milano; p. 70: Musei Civici Veneziani, Servizio Marketing Immagine Promozione, Venezia; Edizioni Sellerio, Palermo p. 73: Azienda Turismo Padova Terme Euganee; pp. 76–77: APT Lucca; p. 79: G. Robustelli, Napoli; M. Rambaldi, Napoli; p. 80: Digital Vision; p. 82: Farabola Foto, Milano; p. 83: M. Rambaldi, Napoli; p. 85: Bell'Italia, n. 190, febbraio 2002 (Text); Meridiana Immagini, Bologna (Foto); p. 87: M. Rambaldi, Napoli; p. 90: Photodisc Farabola Foto, Milano p. 92: M. Rambaldi, Napoli; p. 93: Farabola Foto, Milano; p. 94: Gino Cadeggianini, Viola Film, APT Venezia; p. 95: Studio Silvano Foto, Mezzano; p. 103: Terme di Saturnia Spa & Golf, Saturnia; Farabola Foto, Milano.

La Prova Orale 1

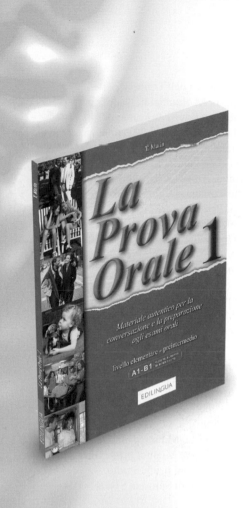

**Materiale autentico per la conversazione
e la preparazione agli esami orali**
Livello elementare - preintermedio

La Prova Orale 1 costituisce il primo volume di un moderno manuale di conversazione che mira a fornire quelle opportunità e quegli spunti necessari ad esprimersi in modo spontaneo e corretto, e, nello stesso tempo, a preparare gli studenti ad affrontare con successo la prova orale delle certificazioni delle Università di Perugia (CELI 1 e 2), Siena (CILS A1, A2 e Uno-B1), PLIDA (A1, A2 e B1) o altri diplomi.

Il libro è composto da 35 unità tematiche che coprono una vasta gamma di argomenti. Ogni unità tematica comprende: fotografie-stimolo, numerose domande, il lessico utile, attività comunicative e un role-play. La discussione si rinnova continuamente, grazie al materiale presentato cercando di mantenere sempre vivi l'interesse degli studenti e il ritmo della lezione. Il libro viene completato da un glossario e due brevi test.

La Prova Orale 1 **può integrarsi con** *Allegro 1 e 2*, oppure essere utilizzato separatamente. Si può adottare in classi di principianti o falsi principianti e usare fino ad un livello preintermedio; inoltre, il libro è stato disegnato in modo da poter essere inserito in curricoli didattici diversi.

I verbi italiani per tutti

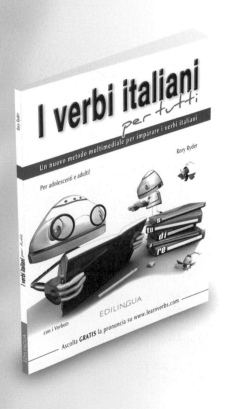

**Un nuovo metodo multimediale
per imparare i verbi italiani**
Livello elementare - intermedio - avanzato

I verbi italiani per tutti raccoglie un centinaio di verbi tra quelli più frequenti e utilizza un approccio "multimediale". Di ciascun verbo viene data la coniugazione di tutti i tempi e i modi verbali, facilmente distinguibili in due tabelle colorate; un'immagine che descrive l'azione espressa dal verbo in uno specifico contesto e la possibilità di ascoltare la pronuncia (online) della coniugazione.

I verbi italiani per tutti è completato da:
• una ricca Appendice con ulteriori verbi irregolari
• una sezione sulle reggenze verbali
• un glossario plurilingue (inglese, francese, spagnolo, portoghese e cinese)

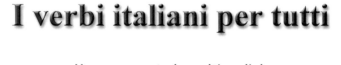

Primo Ascolto

**Materiale per lo sviluppo dell'abilità di ascolto
e la preparazione alla prova di comprensione orale
Livello elementare (A1-A2)**

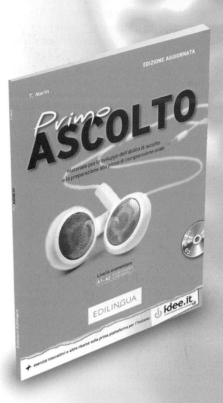

Primo Ascolto edizione aggiornata è il primo volume di una serie di moderni manuali di ascolto. Mira allo sviluppo dell'abilità di ascolto e alla preparazione della prova di comprensione orale delle certificazioni linguistiche, quali Celi Impatto e 1, Cils A1 e A2, Plida A1 e A2 e altre simili. I dialoghi vivi e divertenti, la varietà di immagini e l'impostazione grafica rendono l'apprendimento piacevole e il libro adatto a studenti di varie fasce di età.

I testi affrontano situazioni e argomenti adatti al livello linguistico, nonché atti comunicativi altrettanto utili. Lo studente ha la possibilità di trovarsi a contatto non solo con la lingua viva ma anche con la realtà italiana. Ciascuno dei 40 testi è corredato da un'attività preparatoria e una di tipologia simile a quelle contenute nelle prove d'esame di lingua.

Il volume, interamente a colori, ha in allegato il Cd audio e può essere usato anche in autoapprendimento, grazie alle chiavi in Appendice.

Può integrare **Allegro 1** e **2** in quanto tratta molti degli argomenti in essi presenti, oppure essere utilizzato separatamente.

Una grammatica italiana per tutti 1

**Regole d'uso, esercizi e chiavi per studenti stranieri
Livello elementare (A1-A2)**

Una grammatica italiana per tutti 1 - edizione aggiornata non è una grammatica tradizionale perché nasce dalle esigenze, dalle difficoltà, dai dubbi che incontrano gli studenti stranieri nel loro percorso di apprendimento della lingua italiana.

Il volume è organizzato in una:
* *parte teorica* che esamina le strutture della lingua italiana in modo chiaro ma completo, con un linguaggio semplice e numerosi esempi tratti dalla lingua viva, di ogni giorno.
* *parte pratica*, a fronte, con una vasta gamma di esercizi e le rispettive chiavi in Appendice.

Una grammatica italiana per tutti 1 - edizione aggiornata offre un nuovo layout, più chiaro e accattivante, un apparato iconografico più vario e alcuni interventi mirati nelle schede grammaticali e negli esercizi. Si tratta di un libro completo e piacevole che può corredare benissimo **Allegro 1** e **2**, in quanto tratta gli stessi fenomeni, e può essere utilizzato in autoapprendimento.

edizioni Edilingua

Nuovo Progetto italiano 1, 2 T. Marin - S. Magnelli
Corso multimediale di lingua e civiltà italiana
Livello elementare - intermedio (A1-B1)

Nuovo Progetto italiano 3 T. Marin
Corso multimediale di lingua e civiltà italiana
Livello intermedio - avanzato (B2 C1)

Nuovo Progetto italiano Video 1 e 2 T. Marin - M. Dominici
Videocorso di lingua e civiltà italiana
Livello elementare - intermedio (A1-B2)

Progetto italiano Junior 1, 2, 3 T. Marin - A. Albano
Corso multimediale di lingua e civiltà italiana per adolescenti
Livello elementare - intermedio (A1-B1)

Progetto italiano Junior Video 1, 2, 3 T. Marin - M. Dominici
Videocorso di lingua e civiltà italiana per adolescenti
Livello elementare - intermedio (A1-B1)

Arrivederci! 1, 2, 3
F. Colombo - C. Faraci - P. De Luca - D. Biagi
Corso multimediale di italiano per stranieri
Livello elementare - intermedio (A1-B1+)

L'italiano all'università 1, 2
M. La Grassa - M. Delitala - F. Quercioli
Corso di lingua per studenti stranieri
Livello elementare - intermedio (A1-B2)

Allegro 1, 2, 3
L. Toffolo - N. Nuti - M. G. Tommasini - R. Merklinghaus
Corso multimediale d'italiano
Livello elementare - intermedio (A1-B1)

Senza frontiere 1, 2 P. Flammini - T. Pasqualini
Corso d'italiano come seconda lingua
Livello elementare (A1-A2)

Centro! 1 D. Baldassarri - M. Brizzi
Attività per stranieri sulla grammatica e il lessico
Livello elementare (A1-A2)

L'italiano nell'aria 1, 2
D. Brioschi - M. Martini-Merschmann
Corso d'italiano per cantanti lirici e amanti dell'opera
Livello elementare - intermedio (A1-B2)

Italiano Medico D. Forapani
Servizi sanitari, Terminologia medica, Casi clinici (B1-B2)

Affare fatto L. Incalcaterra McLoughlin, A. Ruggiero, G. Schiavo
Corso d'italiano aziendale (A1-A2)

Colori d'Italia P. Quadrini - A. Zannirato
Testi e attività per corsi avanzati
Livello avanzato (C1-C2)

La Prova orale 1, 2 T. Marin
Manuale di conversazione
Livello elementare - intermedio - avanzato (A1-C2)

Vocabolario Visuale T. Marin
Livello elementare - preintermedio (A1-A2)

Diploma di lingua italiana A. Moni - M. A. Rapacciuolo
Preparazione alle prove d'esame (B2)

Preparazione al Celi 2 M. A. Rapacciuolo - A. Moni
Preparazione alle prove d'esame
Livello preintermedio (B1)

Preparazione al Celi 3 M. A. Rapacciuolo
Preparazione alle prove d'esame
Livello intermedio (B2)

Preparazione al Test per immigrati L. Boschetto
Prove d'esame per il rilascio del permesso di soggiorno di lungo
periodo. Livello elementare (A2)

Sapore d'Italia M. Zurula
Antologia di testi. Livello medio (B1-B2)

Scriviamo insieme! 1, 2 M. A. Rapacciuolo - A. Moni
Attività per lo sviluppo dell'abilità di scrittura
Livello elementare (A1-B2)

Primo Ascolto T. Marin
Materiale per lo sviluppo della comprensione orale
Livello elementare (A1-A2)

Ascolto Medio, Ascolto Avanzato T. Marin
Materiale per lo sviluppo della comprensione orale
Livello medio (B1-B2), Livello superiore (C1-C2)

Al circo! B. Beutelspacher
Italiano per bambini. Livello elementare (A1)

Piccolo e Forte! A, B L. Maddii - M. C. Borgogni
Corso di lingua italiana per bambini (4-6 anni / 5-7 anni)
Livello elementare (principianti)

Forte! 1, 2, 3 L. Maddii - M. C. Borgogni
Corso di lingua italiana per bambini (6-11 anni)
Livello elementare (A1-A2)

Collana Raccontimmagini S. Servetti
Prime letture in italiano
Livello elementare (A1-A1+)

Via della Grammatica M. Ricci
Livello elementare - intermedio (A1-B2)

Una grammatica italiana per tutti 1, 2
A. Latino - M. Muscolino
Livello elementare - intermedio (A1-B2)

Forte in grammatica! S. Servetti
Grammatica per bambini
Livello elementare (A1-A2)

I verbi italiani per tutti R. Ryder
Livello elementare - intermedio - avanzato (A1-C2)

La grammatica vien leggendo L. Ruggieri
Testi letterari e attività per scoprire la lingua
Livello intermedio (B1-B2)

Raccontare il Novecento
P. Brogini - A. Filippone - A. Muzzi
Percorsi didattici nella letteratura italiana
Livello intermedio - avanzato (B2-C2)

Invito a teatro L. Alessio - A. Sgaglione
Testi teatrali per l'insegnamento dell'italiano
Livello intermedio - avanzato (B2-C2)

Mosaico Italia M. De Biasio - P. Garofalo
Percorsi nella cultura e nella civiltà italiana
Livello intermedio - avanzato (B2-C2)

Collana l'Italia è cultura M.A. Cernigliaro
Collana in 5 fascicoli: Storia, Letteratura, Geografia, Arte, Musica,
cinema e teatro (B2-C1)

Collana Imparare l'italiano con i fumetti
A. Cagli - P. Diadori - E. Spinosa
Testi autentici e attività per stranieri
Dylan Dog - L'alba dei morti viventi (B1-B2)
Dylan Dog - Jack lo Squartatore (B1-B2)
Corto Maltese - ...e di altri Romei e di altre Giuliette (B2-C1)
Corto Maltese - La laguna dei bei sogni (B2-C1)
Julia - Ucciderò (B2-C1)
Julia - Una cara, carissima amica (B2-C1)

Collana Primiracconti - Letture semplificate per stranieri
Dieci Racconti (A1-A2) M. Dominici
Furto a scuola (A1/A1+) V. Mapelli
Gli strani ospiti (A2/A2+) L. Brisi
Traffico in centro (A1-A2) M. Dominici
Mistero in Via dei Tulipani (A1-A2) C. Medaglia
Un giorno diverso (A2-B1) M. Dominici
Il manoscritto di Giotto (A2-B1) F. Oddo
Lo straniero (A2-B1) M. Dominici
Alberto Moravia (A2-B1) M.A. Cernigliaro
Un'avventura indimenticabile (B1) F. Oddo
Undici Racconti (B1-B2) M. Dominici
L'eredità (B1-B2) L. Brisi
Ritorno alle origini (B1-B2) V. Mapelli
Italo Calvino (B1-B2) M.A. Cernigliaro
Il sosia (C1-C2) M. Dominici

Collana Cinema Italia A. Serio - E. Meloni
Attività didattiche per stranieri
Io non ho paura - Il ladro di bambini (B2-C1)
Caro diario: Isole - Medici (A2-B1)
I cento passi - Johnny Stecchino (C1-C2)

Collana Formazione
italiano a stranieri
Rivista semestrale per l'insegnamento dell'italiano come lingua
straniera/seconda